D1749451

© 2004 Éditions Fleurus, Parigi - Francia
© 2005 per la lingua italiana Edizioni Larus S.p.A. – Bergamo - ITALIA
Stampato da PRINT, Bergamo
Febbraio 2005

LA PRIMA **8/12 anni** ENCICLOPEDIA

L'enciclopedia degli animali

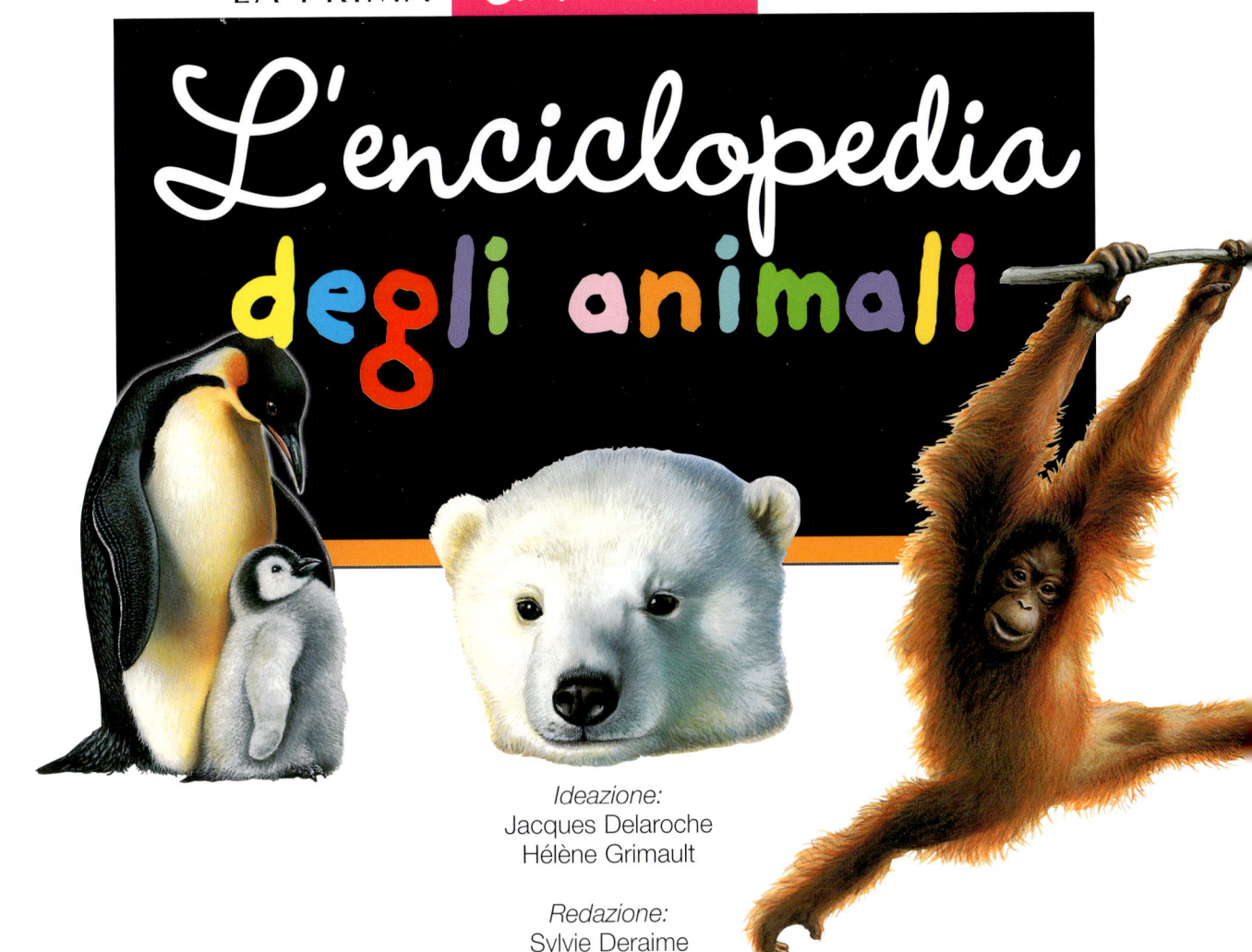

Ideazione:
Jacques Delaroche
Hélène Grimault

Redazione:
Sylvie Deraime

Illustrazioni:
Sandra Smith
Marie-Christine Lemayeur
Bernard Alunni
M.I.A.: Cinzia Antinori
Marina e Anna Luisa Durante
Lorenzo Orlandi
Raffaella Cosco
Maria Piatto
Rosalba Moriggia
Emanuela Carletti

Traduzione e adattamento:
Giovanni Rota

LARUS

Edizioni Larus S.p.A. - via Zanica, 58 - 24126 Bergamo - Tel. 035.313.128 - Fax 035.314.315
www.edizionilarus.com

L'enciclopedia degli animali

IL MONDO ANIMALE

Cosa è un animale?	8-9
Maschi e femmine	10-11
Nuotare	12-13
Mammiferi che nuotano	14-15
Camminare, strisciare, saltare	16-17
Volare	18-19
Il territorio	20-21
Marcare il territorio	22-23
Difendere il territorio	24-25

COMUNICARE

Il linguaggio chimico	26-27
Il linguaggio visivo e tattile	28-29
Il linguaggio sonoro	30-31
L'ecolocazione	32-33
Verso un vero linguaggio	34-35
Insetti sociali	36-37
Uccelli sociali	38-39
Mammiferi sociali	40-41
La spartizione	42-43
Le alleanze	44-45

som

NUTRIRSI

I vegetariani	46-47
Carnivori e onnivori	48-49
La catena alimentare	50-51
Cacciatori e pescatori	52-53
Gli attrezzi dei predatori	54-55
Lo stoccaggio	56-57

DIFENDERSI

Le armi delle prede	58-59
Proiettili	60-61
Unirsi	62-63
Ingannare il nemico	64-67
La fuga	68-69

RIPRODURSI

Attrarre un compagno	70-71
Danze nuziali	72-73
Le unioni	74-75
La riproduzione asessuata	76-77
La riproduzione sessuata	78-79
Gestazione e nascita	80-81
La riproduzione in cifre	82-83
I nidi	84-85

mario

Nidi ingegnosi	86-87
Il ruolo dei genitori	88-93
Nidi comuni	94-95
Papà d'eccezione	96-97
Metamorfosi	98-99
Le mute	100-101
Lo sviluppo dei piccoli	102-103

VIAGGIARE

Le migrazioni degli uccelli	136-137
Le migrazioni degli insetti	138-139
Migrazioni terrestri	140-141
Migrazioni acquatiche	142-145

GLI AMBIENTI

Vivere nel grande freddo	104-105
Il letargo	106-107
Vivere nel deserto	108-109
Vivere nella foresta temperata	110-111
Vivere nella foresta boreale	112-113
Vivere nella foresta tropicale	114-117
Vivere nella savana	118-119
Vivere nelle praterie	120-121
Vivere in montagna	122-123
Vivere in acqua dolce	124-125
Tra terra e acqua	126-127
Vivere sulle coste	128-129
Vivere nelle scogliere coralline	130-131
Vivere sulle isole	132-133
Vivere negli abissi	134-135

INVENTARE

L'intelligenza animale	146-147
Gli utensili	148-149

I GRANDI GRUPPI

I mammiferi	150-151
Le scimmie	152-153
Mammiferi marini	154-155
Gli uccelli	156-157
I rettili	158-159
Gli anfibi	160-161
I pesci	162-163
Squali e razze	164-165
Gli insetti	166-167
Animali primitivi	168-169
Con guscio o carapace	170-171
Specie minacciate	172-173

IL MONDO ANIMALE
COSA È UN ANIMALE?

Gli animali sono esseri viventi. Nascono, crescono, si riproducono e muoiono, proprio come i vegetali. Tuttavia, questi ultimi fabbricano da soli il proprio nutrimento, mentre gli animali mangiano altri esseri viventi. Devono quindi andare alla ricerca del loro pasto: i muscoli assicurano la loro mobilità. Le piante non si muovono! Infine, gli animali, anche i più semplici, possiedono un sistema nervoso: provano sensazioni e anche, per i più evoluti, emozioni.

I vertebrati
Tutti gli animali che possiedono uno **scheletro interno** (cioè all'interno del corpo) vengono classificati nel grande gruppo dei vertebrati.
Pesci, anfibi, rettili, uccelli e **mammiferi** sono dei vertebrati: essi discendono tutti da un comune antenato, un pesce dotato di **colonna vertebrale**.

La comparsa di questo "capostipite" e delle ossa ha reso possibile lo sviluppo di animali di dimensioni maggiori, che sono anche più mobili. Tutta la lunghezza della colonna vertebrale è percorsa da fasci nervosi collegati al cervello, generalmente più grosso che non negli invertebrati.
Il **sistema nervoso** molto sviluppato dei vertebrati consente loro di reagire con maggiore efficacia ai cambiamenti del loro ambiente.

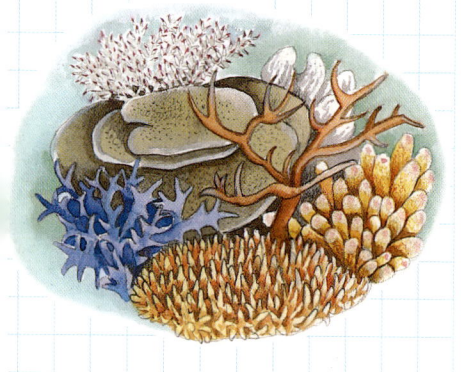

Gli animali, anche i più semplici, hanno a lungo disorientato gli scienziati. I **coralli**, ad esempio, sembrano veri e propri fiori e vivono aggrappati alle rocce, ma sono animali, capaci di cercarsi il proprio nutrimento, distendendosi e movendo i tentacoli per catturare le loro prede.

Gli invertebrati
Più di **9 animali su 10** sono invertebrati! La loro unica caratteristica comune è quella di non avere la colonna vertebrale. I più semplici, le **stelle marine**, non hanno né coda né testa, a differenza della maggior parte degli animali. Nelle **meduse** e nelle **lumache**, il corpo molle conserva la propria forma solo grazie ai liquidi che circolano all'interno.

Più perfezionato, il corpo degli **insetti**, dei **crostacei** e dei **ragni** è ricoperto da un involucro rigido, molto sottile nell'ape, molto più spesso nel granchio. Ma questo involucro non può ingrandirsi come le ossa dei vertebrati: esso viene regolarmente sostituito. È anche il caso delle conchiglie che proteggono alcuni **molluschi**.

1,5 milioni di specie conosciute

I più piccoli animali conosciuti, degli invertebrati microscopici, misurano in media **0,05 mm**.

Di tutte le taglie!

L'uccello più piccolo, il **colibrì di Cuba**, misura meno di **6 cm** di lunghezza, becco e coda compresi, e pesa circa **2 g**.

I dinosauri sono i più grossi animali terrestri che il nostro pianeta abbia avuto. Il **diplodocus** misurava più di **25 m** di lunghezza, quanto una piscina! Pesava più di **10 tonnellate**, pressappoco il peso di 3 autotreni.

Il pesce più grosso è lo **squalo balena**, che può superare i **15 m** di lunghezza. Il più piccolo, il **ghiozzo pigmeo**, misura tra **8 e 10 mm**.

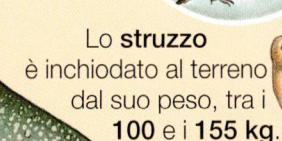

colibrì

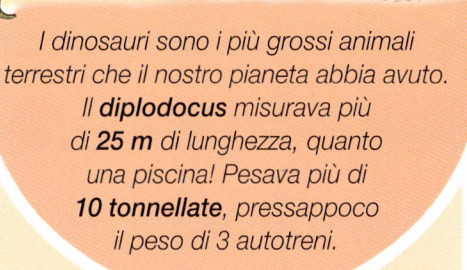

L'**albatro urlatore** può raggiungere i **3,5 m**, da un'estremità all'altra delle sue ali!

ghiozzo

Lo **struzzo** è inchiodato al terreno dal suo peso, tra i **100 e i 155 kg**.

squalo balena

albatro urlatore

Il **fasmide gigante**, lungo **40 cm**, è l'insetto più grande.

struzzo

Il **geco**, che è lungo in media **7 cm**, è il rettile più piccolo. Il più lungo è il **pitone reticolato**: raggiunge i **10 m**.

pitone reticolato

geco

scarabeo Golia

fasmide gigante

L'**elefante africano** pesa tra **5 e 7 tonnellate**: è il mammifero terrestre più pesante.

Mentre il **toporagno etrusco** misura tra i **3,5 e i 5,2 cm** e pesa al massimo **2,5 g**, la balena azzurra raggiunge i **25 m** di lunghezza e un peso di **120 tonnellate**.

La **giraffa** è il mammifero più alto, potendo raggiungere in media **4,8 m**, da terra fino alla punta delle sue corna.

balena azzurra

toporagno etrusco

giraffa

elefante

IL MONDO ANIMALE
MASCHI E FEMMINE

I simili si cercano, dice il proverbio. Tuttavia, tra gli animali, maschi e femmine sono spesso molto diversi. Le differenze permettono ai compagni di trovarsi più facilmente e di sedursi meglio per riprodursi. Essendo la natura molto varia, ci sono certamente alcune eccezioni: basti pensare alle chiocciole o ai nostri amici gatti!

Solamente gli organi sessuali e le mammelle ci permettono di distinguere una gatta da un gatto. Tra i grandi mammiferi terrestri, come l'elefante, la differenza si nota di più: i maschi sono molto più grandi delle femmine.

Un maschio pronto ad accoppiarsi con la femmina è dotato di un organo sessuale di notevoli dimensioni.

È grazie alle **corna** ramificate e alla sua **taglia** che si può distinguere il **cervo** dalla **cerva**. Nella stagione degli amori, in autunno, i maschi si contendono le femmine con rudi combattimenti a colpi di corna.

È più facile distinguere il **leone** dalla **leonessa**! Il re degli animali presenta una magnifica **criniera** su una testa molto più grossa di quella della femmina. Anche il suo **peso** è maggiore: mediamente 180 kg contro i 125 della femmina.

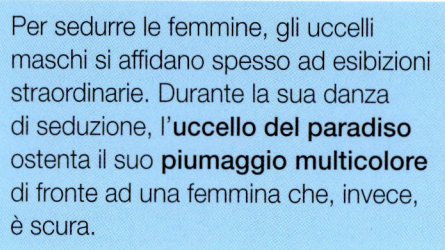

Per sedurre le femmine, gli uccelli maschi si affidano spesso ad esibizioni straordinarie. Durante la sua danza di seduzione, l'**uccello del paradiso** ostenta il suo **piumaggio multicolore** di fronte ad una femmina che, invece, è scura.

Tra i **leoni marini**, il maschio può raggiungere il peso di **400 kg**, cioè il doppio della femmina. Durante l'accoppiamento, capita che il poco delicato animale schiacci la sua compagna, talvolta anche mortalmente, sotto il proprio peso.

Tra le **balene**, sono le **femmine** ad essere molto **più grandi dei maschi**. Fortunatamente, poiché sono esse a partorire i balenotti. La balena azzurra, ad esempio, dà alla luce un piccolo di 7 m, che pesa 2,5 tonnellate!

Tra le balene, è il maschio ad essere più piccolo della femm.

Sebbene **più piccola** di 2 cm rispetto alla femmina, la **mantide religiosa** maschio ha occhi più grandi, per vedere meglio le **ali colorate** della sua compagna, e antenne più lunghe, per meglio distinguere gli odori che essa emana per attirarlo.

Diversi per incontrarsi meglio

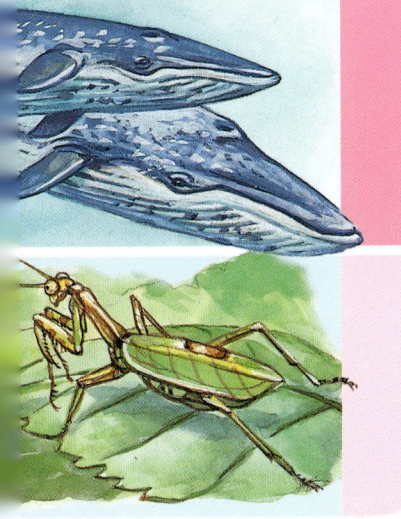

Maschio e femmina contemporaneamente

Le **chiocciole** hanno semplificato la loro riproduzione: ciascuna di esse possiede contemporaneamente gli organi sessuali maschili e femminili. Non c'è bisogno di cercarsi un compagno dell'altro sesso! Qualunque chiocciola può accoppiarsi con un'altra. Questo fenomeno, chiamato **ermafroditismo**, è presente anche tra i lombrichi.

Un giorno femmina, un giorno maschio

Alcuni animali cambiano sesso durante la loro vita per aumentare le loro possibilità di riproduzione.

I pesci **sheepsheads** nascono maschi o femmine. Ma tutti i maschi passano a uno stadio femmina, depongono le uova e poi ritornano maschi. E alcune femmine si trasformano in maschi.

Il gioco delle differenze

Dalla loro comparsa sulla Terra, 600 milioni di anni fa, gli animali si sono trasformati e adattati alle nuove condizioni di vita: l'**evoluzione** ha così prodotto una grande diversità di animali. Somiglianze e differenze possono ingannare.

Cosa c'è in comune, ad esempio, tra un **pastore tedesco** e uno **yorkshire**? Entrambi sono cani che derivano dal lupo addomesticato dall'uomo da più di 10 000 anni. Da allora, l'uomo ha creato circa 400 **razze** di cani, che appartengono tutti alla medesima **specie**.

Il **ratto** e il **topo** si assomigliano di più. Questi roditori sono tuttavia di due specie diverse: non possono accoppiarsi per generare dei piccoli!

IL MONDO ANIMALE
NUOTARE

I primi animali sono comparsi negli oceani circa 600 milioni di anni fa. Hanno potuto muoversi in questo ambiente grazie all'adattamento del loro organismo. I pesci, che possono spostarsi solo nuotando, hanno uno scheletro flessibile e delle pinne mobili. Altri vertebrati, che hanno conquistato la terra o il cielo, nuotano facilmente in superficie o sott'acqua: hanno imparato a remare! Infatti, per procedere occorre spingere indietro l'acqua.

pinna dorsale
pinna caudale
pinna anale
vescica natatoria
pinna pelvica

Essendo più pesanti dell'acqua, i pesci galleggiano grazie alla loro **vescica natatoria**, una tasca che si riempie di gas e si svuota a seconda del bisogno. La pinna caudale (la coda) serve come timone e propulsore; le altre pinne assicurano soprattutto la stabilità del pesce nell'acqua.

I pesci
Per avanzare, il pesce deve spingere indietro l'acqua sui suoi fianchi. Avanza ondeggiando come un serpente, cacciando via l'acqua col movimento della testa, del suo corpo e, infine, col movimento della coda da destra a sinistra. L'acqua scivola sui fianchi e "si richiude" sulla coda, che fa la funzione di remo, spingendo l'animale in avanti. Questa coda flessibile, chiamata **pinna caudale**, permette ai pesci di stabilire la direzione. Nei pesci rapidi, nuotatori di alto mare, come i tonni, essa gioca anche un ruolo di motore: sbattendo continuamente la coda da un lato all'altro, il pesce prende rapidamente velocità.

Lo squalo
Lo squalo, come la sua cugina **razza**, è sprovvisto di vescica natatoria. È dunque **condannato a nuotare continuamente** se non vuole affondare. Ma i grassi contenuti nella sua pelle, più leggeri dell'acqua, lo aiutano a galleggiare.

La rana
Galleggiando in modo naturale, la rana si sposta nell'acqua grazie ai movimenti dei suoi possenti arti. Quando nuota lentamente, tutte e quattro le zampe sono in movimento. Per nuotare veloce, la rana allunga le zampe anteriori lungo il proprio corpo, ripiega e distende all'improvviso le zampe posteriori, le cui dita allargate, **palmate**, spingono via l'acqua come un remo.

Spostarsi in acqua e in superficie

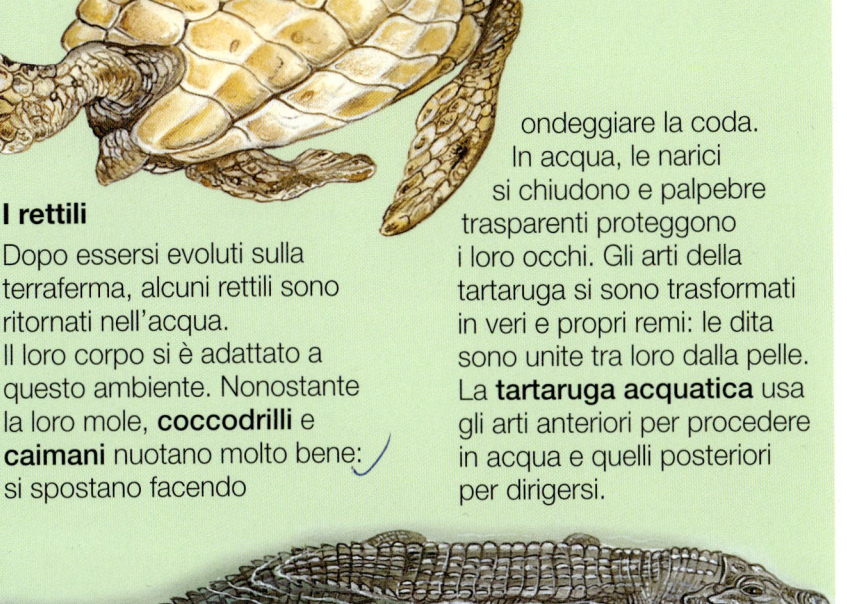

I rettili

Dopo essersi evoluti sulla terraferma, alcuni rettili sono ritornati nell'acqua. Il loro corpo si è adattato a questo ambiente. Nonostante la loro mole, **coccodrilli** e **caimani** nuotano molto bene: si spostano facendo ondeggiare la coda. In acqua, le narici si chiudono e palpebre trasparenti proteggono i loro occhi. Gli arti della tartaruga si sono trasformati in veri e propri remi: le dita sono unite tra loro dalla pelle.
La **tartaruga acquatica** usa gli arti anteriori per procedere in acqua e quelli posteriori per dirigersi.

Animali primitivi

La **medusa** e la **piovra**, animali primitivi dal corpo molle, procedono riempiendosi e svuotandosi d'acqua, proprio come una pompa.

La piovra spruzza inchiostro per difendersi.

Gli uccelli

Tra gli uccelli, la specie che meglio si è adattata all'ambiente acquatico è lo **sfenisco**. Invece suo cugino il pinguino usa le ali per tuffarsi e per spostarsi nell'aria, ma non sa ormai più volare! Le sue ali, molto corte, sono diventate pinne di cui si serve per nuotare. Il suo piumaggio, rasato e impermeabile, è disposto come le squame di un pesce e ciò aumenta la sua velocità.
Nuotatrice di superficie, l'**anatra** galleggia facilmente poiché il suo piumaggio impermeabile imprigiona l'aria, facendo così la funzione di una **boa**. Le sue **zampe palmate** servono da remi e vengono azionate l'una dopo l'altra per avanzare lentamente o contemporaneamente per spostarsi più in fretta.

Il martin pescatore è il terrore dei pesci.

Il **martin pescatore** non nuota ma si tuffa, con zampe e ali ripiegate, fino a **25 cm** sott'acqua per pescare.

IL MONDO ANIMALE
MAMMIFERI CHE NUOTANO

A differenza dei pesci, provvisti di branchie, i mammiferi respirano con i polmoni. Ciò li costringe, quando compiono evoluzioni in acqua, a rimanere in superficie o a risalire regolarmente per fare provvista d'aria. I mammiferi marini sono tuttavia capaci di immergersi a lungo trattenendo il respiro: i loro orifizi respiratori si chiudono quando sono sott'acqua.

Tra tutti i mammiferi marini, l'**orca** è la nuotatrice più veloce: può raggiungere i 56 km/h quando va a caccia di delfini. Nuota ondeggiando dall'alto in basso, tuffando per prima la testa e curvando il proprio corpo. Si tratta di un movimento verticale della sua larga pinna caudale, mossa da muscoli potenti, che la spinge in avanti.

Nuotatori di acqua dolce

Il **castoro** nuota battendo l'acqua con la sua coda piatta, muscolosa e squamata, e con le sue **zampe**, che dietro sono **palmate**. Quando si immerge, naso e orecchie sono tappate da pelle ripiegata.

Il castoro può rimanere per ben 20 minuti in apnea.

Eccellente nuotatrice, la **lontra** può cacciare sott'acqua per un'ora. Avanza per ondulazione del suo corpo flessibile, aiutandosi con le sue **zampe posteriori palmate**.

La coda appiattita e muscolosa della lontra le serve soprattutto come timone.

Per nuotare, l'**ornitorinco** aziona una dopo l'altra le sue zampe anteriori, dotate di **lunghe dita palmate**. Scende in profondità lasciando una scia di bolle d'aria, imprigionata nella sua spessa pelliccia.

L'ornitorinco può rimanere in apnea per un minuto.

L'**ippopotamo** possiede **dita palmate**. Le sue orecchie e le sue narici, situate in cima alla testa, rimangono fuori dall'acqua, ma si chiudono se esso si immerge completamente. Molto pesante, deve avere cura di riempire i **polmoni di aria**, se vuole immergersi e nuotare, o persino camminare sul fondo.

L'ippopotamo può rimanere sott'acqua per più di cinque minuti.

Campioni di apnea

L'**orso bianco**, uno dei più grandi mammiferi terrestri, nuota con facilità servendosi delle sue zampe anteriori per avanzare e di quelle posteriori per dirigersi.

Trattiene il respiro fino a **due minuti**, per sorprendere e catturare una foca sott'acqua. Il suo pelame si gonfia d'aria per facilitare il galleggiamento.

L'**otaria** vuota i polmoni prima di immergersi, a narici chiuse. Le sue pinne sono **zampe trasformate**, che essa ripiega per camminare sulla terraferma. Per nuotare, usa le pinne anteriori, mentre quelle posteriori servono per la direzione.

La **balena azzurra** è dotata di **due condotti**, narici modificate situate sopra la testa, tramite i quali espelle l'aria umida dei suoi polmoni. Una volta riempitili, immerge per prima la testa, scendendo fino a **200 m di profondità**, grazie ai movimenti verticali del suo retrotreno e della sua larga coda. Malgrado la sua stazza imponente e il suo peso, essa è capace di nuotare velocemente, fino a **22 km/h** in superficie.

Il **delfino** respira tramite un **condotto** che si apre per espellere l'aria quando risale in superficie e si chiude quando si immerge. Esso procede battendo la coda dall'alto in basso.

Re dell'apnea, il **capodoglio** può rimanere sott'acqua, coi polmoni vuoti, quasi **due ore**. Si immerge fino a **3 000 m**, alla velocità di 3 m al secondo, per pescare i calamari giganti dei grandi fondali. Si adatta facilmente alle variazioni di temperatura e pressione grazie all'**olio ceroso** contenuto nella sua enorme testa, lunga un terzo del suo corpo. L'olio ceroso possiede infatti la proprietà di dilatarsi o contrarsi a seconda della profondità raggiunta.

IL MONDO ANIMALE
CAMMINARE, STRISCIARE, SALTARE

Una volta usciti dall'acqua, i primi animali terrestri hanno dovuto inventarsi dei nuovi modi per muoversi.
Da circa 350 milioni di anni gli animali si sono sparsi sulla terraferma prima strisciando e poi saltando, camminando… o correndo. Qualunque sia il modo di spostarsi, il suolo fornisce una superficie di appoggio stabile. Ma quando l'animale solleva uno dei suoi arti, il suo corpo deve trovare un nuovo equilibrio.

Per balzare a 42,8 cm, la cercopis utilizza una forza 414 volte superiore al suo peso e ciò fa di essa una vera campionessa di salto in alto. L'uomo si classifica buon ultimo: egli mette in moto una forza solamente 2 o 3 volte il suo peso per saltare un ostacolo di circa due metri.

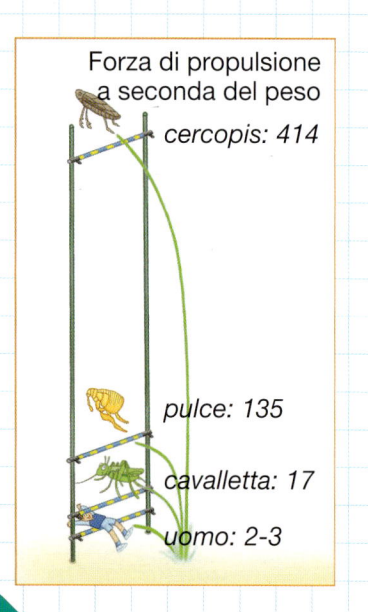

Forza di propulsione a seconda del peso
cercopis: 414
pulce: 135
cavalletta: 17
uomo: 2-3

Camminare
Come tutti i **quadrupedi**, il **cavallo** avanza mettendo avanti, sempre nella stessa successione, ciascuna delle sue quattro zampe.

Se ammaestrato, è capace anche di **andare all'ambio**, come l'orso o l'elefante, avanzando contemporaneamente le due zampe di destra e poi quelle di sinistra. Quando corre o galoppa, effettua una serie di balzi, spingendo molto forte sulle zampe e distendendo l'intero corpo.

Come anche l'uomo, gli uccelli marciatori devono dipendere dai loro due arti posteriori per spostarsi. Lo **struzzo** si serve delle proprie ali solo per svoltare o frenare quando è lanciato a tutta velocità. Con le sue lunghe zampe, può raggiungere la medesima velocità del cavallo, cioè **50 km/h**. Come i felini, appoggia sul terreno solo l'estremità delle sue dita.

Parenti prossimi dell'uomo, le grandi scimmie possono spostarsi sui loro arti posteriori. In terra, i gibboni sono unicamente **bipedi**. Altri, che pure se la cavano piuttosto bene su due zampe, come gli **scimpanzé bonobos**, camminano tuttavia più volentieri a quattro zampe: appoggiano a terra solamente la seconda falange delle loro mani ripiegate.

Alcuni animali acquatici **camminano sull'acqua** come se fossero sulla terra. Al **gerride** riesce questa performance grazie alla sua leggerezza. Il **basilisco** riduce il tempo di contatto tra l'acqua e le sue zampe dalle lunghissime dita correndo a **12 km/h**.

Le lunghe zampe del gerride scivolano sull'acqua senza tuttavia affondare.

gerride

basilisco

Modi diversi di spostarsi

Saltare

La maggior parte dei saltatori, come la **rana** (1) o la **lepre**, possiedono lunghe zampe posteriori. Per saltare, ripiegano le zampe a Z e ciò aumenta la potenza di spinta quando le distendono. Allorché ricadono, le zampe anteriori ammortizzano il colpo, mentre quelle posteriori, riportate in avanti, fanno già da leva per un nuovo salto. La lepre può in tal modo fare salti di 4 m e raggiungere i 70 km/h.

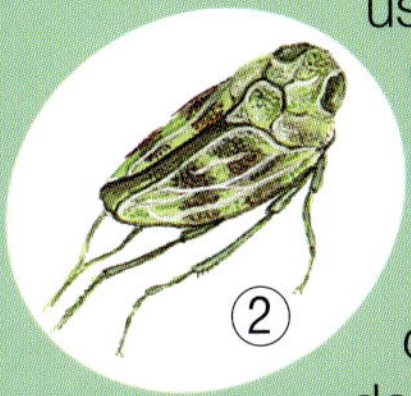

Anche il **cercopis** (2), un cugino della cicala lungo appena 10 mm, usa lo stesso stile di salto. Gli insetti con le zampe piccole, come la **pulce** (3), hanno un metodo diverso: il movimento delle zampe posteriori comprime e decomprime delle palline di proteine situate nel punto in cui le zampe si collegano al corpo. Avendo tali proteine delle proprietà elastiche, tutto si svolge come se questi animali avessero delle **molle**!

I record

Il **delfino** salta fuori dall'acqua ad un'altezza superiore ai **4 m**. Esso eguaglia i migliori saltatori terrestri, lo stambecco e il camoscio.

Il **canguro** detiene il record di salto in lungo, con **12,60 m**, superiore a quello umano, pari a 8,95 m!

Il **ghepardo** è il più veloce nella corsa: esso raggiunge con lo scatto la velocità di **110 km/h**, ma si stanca subito.

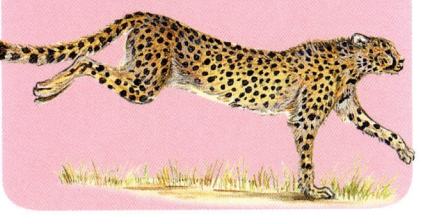

Strisciare

Gli animali che si spostano strisciando sono dotati di un corpo allungato e molle: procedono per **ondulazioni**. Essi devono tuttavia avere un appoggio al suolo. I **serpenti** (1) si aggrappano alle minime gobbe grazie alle squame che ricoprono la pelle del loro ventre.

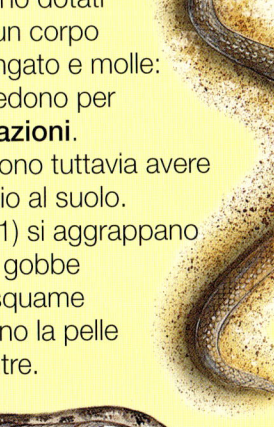

Le **lucertole** (2), non potendo spostarsi solo grazie alle zampe, si aggrappano al suolo con i loro artigli. Adattatisi all'acqua, i **trichechi** (3) trascinano il loro pesante corpo sulla terraferma servendosi delle loro pinne anteriori come stampelle. Il **perioftalmo** (4), un pesce che esce spesso dall'acqua, fa altrettanto.

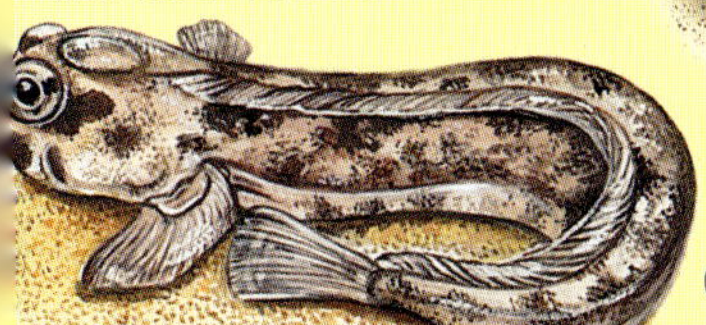

Spostarsi usando le braccia

Quando non si trovano a terra, le **grandi scimmie** e le **scimmie dalla lunga coda** si spostano sugli alberi usando le braccia, aiutandosi con la coda se ne hanno una. I loro arti anteriori molto allungati e il loro tronco corto sono l'ideale per muoversi in questo modo.

IL MONDO ANIMALE
VOLARE

Per spostarsi nell'aria, occorre lottare contro la gravità, una forza che attira verso terra, e contro la resistenza dell'aria, che impedisce di avanzare. Da 140 milioni di anni, gli uccelli volano per cacciare, fuggire, migrare o riprodursi, grazie al loro scheletro leggero e ad ali che si sono meravigliosamente evolute. Ma non sono gli unici a volare!

ossa delle ali
penne remiganti
muscoli alari
penne timoniere

Le **ali** consentono all'uccello di sostenersi in aria. Esse battono grazie ai muscoli alari. Le **piume** hanno ruoli differenti: le penne remiganti, molto dure, permettono volo e manovre; quelle timoniere, sulla coda, servono come timone e freno in fase di atterraggio.

Gli uccelli

Gli uccelli praticano contemporaneamente il **volo battuto** e quello **planato**. Il primo, attivo, richiede molta energia per decollare, salire e scendere mentre si avanza. Nel corso di tale volo, le ali battono disegnando quasi un cerchio attorno al corpo dell'uccello. Nel volo planato, l'uccello si lascia trasportare dall'aria, senza battere le ali. I migliori libratori utilizzano i venti per procedere senza sforzo. L'**albatro**, le cui ali si dispiegano per 3 m, percorre in tal modo fino a 200 m in fase di discesa. Poi riprende una corrente d'aria ascensionale, ridiscende, risale... planando così per decine di chilometri.

Gli insetti

Non si sa esattamente come siano spuntate le ali agli insetti, 350 milioni di anni fa; si sa con certezza che lo scopo è fuggire dai predatori. In ogni caso, la maggior parte degli insetti hanno quattro ali che consentono loro di volare attivamente, nonostante siano più leggeri dell'aria. Queste ali sono ricoperte, nelle **farfalle**, da minuscole squame embricate, cioè parzialmente sovrapposte, e colorate. Quelle delle **chrysops** (qui sopra, a destra) sono trasparenti e pieni di nervature nelle quali circola il sangue.

Mammiferi volanti

Tra i mammiferi, solo i **pipistrelli** (1) volano battendo le ali. Esse sono formate da una membrana di pelle tesa tra quattro delle cinque dita delle "mani" e dei "piedi". Assomigliano alle ali dei **falangisti volanti** d'Australia (2), che però le usano solo come paracadute quando si lanciano dagli alberi con gli arti allargati.

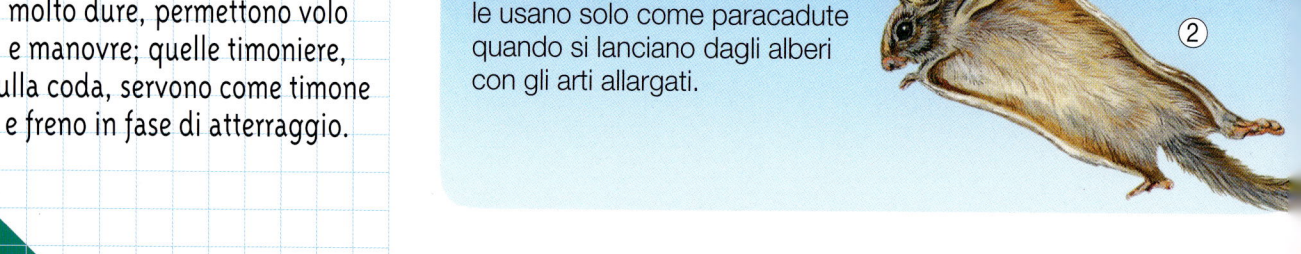

Gli uccelli non sono gli unici a volare

esoceto

Pesci volanti

Per sfuggire a tonni e delfini, gli **esoceti**, che vivono nei mari caldi e temperati, copiano gli uccelli.
Prendono il volo battendo molto velocemente la coda, fino a raggiungere i **60 km/h**, e si impennano uscendo in parte dall'acqua dispiegando le loro grandi pinne pettorali.

A forza di piccoli voli consecutivi, possono **planare per 200 m**, un metro sopra la superficie dell'acqua.
In Amazzonia, i **pesci accetta volano** davvero, battendo le pinne, ma lo fanno solo per qualche metro.

pesce accetta

Anfibi e rettili volanti

Alcuni anfibi e rettili delle foreste asiatiche hanno imparato a "**saltare col paracadute**" per sfuggire ai loro predatori. La **rana volante** (1) frena la sua caduta allargando le sue **zampe palmate**. Il **dragone volante** (2), una lucertola, può **librarsi per 60 m**: la pelle distesa tra i suoi fianchi forma delle specie di ali. Allargando i fianchi, il **serpente volante** (3) dà al suo intero corpo la forma di un paracadute. Questo salto planato, in genere brevissimo, viene utilizzato quando l'animale vuole cacciare o passare di albero in albero.

I record

Campionessa di volo, *l'oca striata dell'Himalaya* è stata vista volare a **8 515 m** di altezza, quasi sulla cima dell'Everest (8 848 m)!

Il record di altezza del **gipeto**, un rapace maestro nell'arte di sfruttare le correnti d'aria ascensionali, è di **7 625 m**.

Il **rondone** raggiunge in volo battuto la velocità record di **140 km/h**. Quando scende in picchiata sulla preda, il **falco pellegrino**, con le sue ali appuntite, vi si scaglia ad una velocità di **280 km/h**.

La **libellula** è l'insetto più veloce: le sue ali, la cui apertura non supera i 7,5 cm, la portano fino a **60 km/h** sopra gli specchi d'acqua!

Il **moscerino** detiene il record del battito d'ali più rapido. Esso riesce a effettuare **1 000 battiti d'ali al secondo**: cinque volte più dell'ape.

IL MONDO ANIMALE
IL TERRITORIO

Il mondo animale ha anche i suoi confini. Ci sono quelli imposti dal clima, dalle risorse alimentari e dagli stili di vita. Una specie che si è adattata al deserto, non andrà mai a vivere nella foresta tropicale. Ci sono anche frontiere più intime: quelle che proteggono il territorio di ogni animale, che vive da solo, in famiglia o in branco.

Area di ripartizione: Africa centrale e occidentale

Si trovano gli **scimpanzé** nell'**Africa centrale** e **occidentale**. Queste regioni formano l'area di ripartizione di tale specie. Tutti gli scimpanzé si spartiscono il medesimo ambiente: la foresta tropicale. Tuttavia, nella foresta ogni gruppo di scimpanzé possiede un territorio ben delimitato.

Territorio e spazio vitale

Gnu, **elefanti**, **zebre**, **giraffe** e **struzzi** hanno come ambiente comune la savana africana. Vi si spostano in cerca di cibo, di acqua e di compagni. I loro spostamenti delimitano lo spazio vitale. Siccome queste diverse specie non hanno i medesimi **bisogni**, possono suddividersi tale spazio. Questa spartizione è più difficile tra animali della spessa specie, poiché entrano in concorrenza. Ciascuno, quindi, si appropria nello spazio vitale di un territorio sul quale vive da solo, in famiglia o in branco.

Gli uccelli

Le **sule di Bassan** hanno l'oceano come spazio vitale. Esso è abbastanza esteso perché questi uccelli marini non abbiano bisogno di battersi per il cibo. A terra, è tutta un'altra storia. All'interno della colonia, ciascuna coppia di sula difende ferocemente un **territorio che si riduce al nido**. Altri uccelli, che non vivono in coppia, difendono un territorio più vasto, sul quale la famiglia deve poter nutrirsi. Il territorio dell'**aquila reale** si estende per esempio su una **trentina di chilometri** attorno al nido.

Vietato entrare!

Un territorio esclusivo

Come la maggior parte dei felini, il **leopardo** è un animale solitario. Ogni maschio difende un territorio che è il suo **dominio di caccia**. Se un altro leopardo vi si avventura, la guerra è assicurata. Se vi entra una femmina, ne sarà cacciata allo stesso modo, a meno che non capiti durante la stagione degli amori.

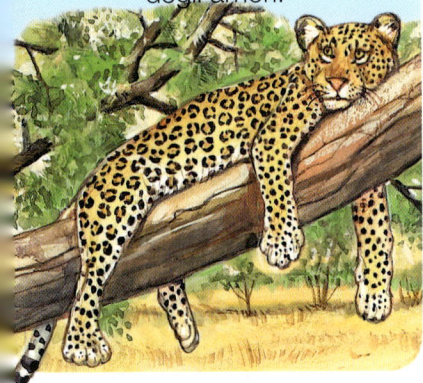

Un territorio per un harem

Le **foche** e le **otarie** coabitano senza problemi coi membri della loro specie, all'infuori del periodo della riproduzione. Quando arriva la stagione degli amori, i maschi si battono per conquistare parecchie femmine. Una volta costituito il proprio harem, ogni maschio delimita un territorio, contemporaneamente sulla **terraferma e in mare**, all'interno del quale non tollera alcun altro maschio. Questo territorio, molto limitato, confina coi territori degli altri harem. Tra gli elefanti marini, i più grossi tra le foche, gli harem possono essere composti da cento femmine per ogni maschio!

Un territorio per un branco

Come gli altri canidi, il **lupo** vive in branco. Ogni branco, guidato da un lupo dominante, controlla un vasto **territorio di caccia**, nel quale gli altri branchi non hanno il diritto di penetrare. Al centro di questo territorio si trova la **tana** nella quale la femmina dominante depone e nutre i suoi piccoli. Da questa tana partono parecchi sentieri, regolarmente percorsi dai lupi del branco per andare e venire sul loro territorio.

Curiosi territori

Il territorio del **paguro bernardo** si riduce alla **conchiglia di mollusco** da esso abitata. Quando si avvicina un intruso, il crostaceo muove violentemente le sue chele. Alcuni **gamberetti** vivono solitari sui **nudibranchi**, delle specie di lumache di mare che li trasportano sopra di essi. Esse non sopportano che alcuno cammini sul loro territorio, compresi altri gamberetti.

IL MONDO ANIMALE
MARCARE IL TERRITORIO

Non esistono barriere per delimitare il territorio di un animale, ma segnali lasciati per i suoi simili.
Questa marcatura contiene un messaggio significativo: "Attenzione, proprietà privata!". Fa appello all'odorato, all'udito o alla vista. Sono i maschi a marcare in questo modo il loro territorio; le femmine non conoscono spesso queste frontiere, ma scelgono volentieri come compagno il maschio che si è ritagliata la proprietà più grande.

Pipì ed escrementi

La maggior parte dei mammiferi utilizza un **marchio "odoroso"**. Essi delimitano il territorio con le loro **"evacuazioni"**, ripristinando il marchio quando esso perde efficacia. Gli animali della medesima specie, a cui si indirizza il messaggio, sapranno riconoscere l'odore. Il territorio può essere usato anche solo per il periodo della riproduzione o per il sonno. Gli animali migratori hanno spesso due territori: uno estivo e uno invernale.

Di giorno, l'**ippopotamo** divide il suo dominio acquatico coi suoi simili. Ma di notte, egli vuole tranquillamente brucare sul suo pezzo di riva. Esso dispone attorno al suo territorio riservato una **barriera di escrementi**, proiettati a parecchi metri, con l'aiuto della sua coda che usa come un'**elica**!

Presso i **rinoceronti**, i maschi dominanti delimitano il loro territorio con **getti di urina**. Essi possono accoppiarsi con tutte le femmine che la attraversano. Quando lo abbandonano per andare a bere, si astengono dall'orinare passando accanto ai loro vicini.

Se il tuo cane fa pipì sul bel tappeto del salotto, non è per forza un segno di maleducazione! Esso può sperimentare, come tutti i mammiferi, il bisogno di marcare così il suo territorio, soprattutto se un altro cane è entrato in casa. Affermando i propri diritti, esso evita il malinteso, dunque il conflitto.

Solo i proprietari di territorio proiettano così getti di urina.

Confini odorosi, sonori o visivi

Sfregamenti odorosi

Il **gatto** aggiunge ai suoi **depositi di urina** anche altri marchi odorosi.
Si sfrega agli alberi che circondano il suo territorio per lasciarvi l'odore, rivolto ai gatti del vicinato.

Giochi di colore

Alcuni pesci delle scogliere coralline sono molto affezionati al loro territorio. Per contrassegnarlo, non hanno altro mezzo che manifestare la propria presenza coi loro **bei colori**. Se si osservano i pesci corallini detti sergenti maggiori, si scoprirà che nessuno di essi si allontana dall'angolo di territorio che si è ritagliato.

I tracciati neri mostrano gli spostamenti di tre pesci nel giro di qualche ora.

Nessuna traiettoria coincide.

Le **antilopi** possiedono, sotto gli occhi, delle speciali ghiandole che liberano sostanze odorose. Strofinandosi l'angolo dell'occhio sui rami, i maschi più forti marcano la loro riserva di cibo, spesso molto vasta. Possono accoppiarsi con le femmine di passaggio.

L'**orso** segna il suo territorio **sfregandosi la schiena** sui tronchi: lascia sulla corteccia una sostanza grassa e odorosa che la sua pelle secerne. Andando alla ricerca di insetti sotto la corteccia, lascia sui tronchi anche i segni dei suoi **potenti artigli**, aggiungendo ai contrassegni odorosi anche quelli visivi che gli altri orsi sanno interpretare.

Marcatura sonora

Ogni mattina, le **scimmie urlatrici**, affermano i loro diritti territoriali con **grida** che si sentono a parecchi chilometri di distanza. Numerose altre scimmie, ma anche **leoni**, **coyote** o **lupi**, marcano con la voce il loro territorio, così naturalmente come gli **uccelli**: ciascuno ha un **canto** che lo distingue e che i vicini sanno riconoscere.

IL MONDO ANIMALE
DIFENDERE IL TERRITORIO

Difendendo il loro territorio, gli animali si assicurano l'accesso riservato alle risorse alimentari, o proteggono i piccoli. Per alcuni, essere padrone di un territorio significa mantenere il posto nella gerarchia del gruppo e avere la possibilità di riprodursi. Ecco quante buone ragioni ci sono per dissuadere i rivali a penetrarvi, battendosi se è necessario.

La **poiana mutevole** occupa un territorio da 4 a 6 km quadrati, che nasconde contemporaneamente il suo nido, al limitare del bosco, e il suo dominio di caccia, che si estende nelle praterie. Questo rapace non esita ad usare i suoi potenti artigli contro un suo simile. Ma lo fa più per respingere l'intruso che non per ferirlo. In genere, un animale uccide raramente un altro animale se non per mangiarlo.

I pesci
Le **damigelle** difendono abitualmente con aggressività il loro territorio dagli appartenenti alla loro specie. Questi pesci di mare fanno rispettare, oltre al territorio, anche il loro **posto** nella **gerarchia**.

Hanno un nido e quando è pieno di uova diventano molto aggressivi. Un **garibaldi**, damigella delle acque temperate, può sloggiare una stella marina grossa quanto lui, se si avvicina troppo al nido. Le damigelle bicolori delle scogliere coralline non esitano ad affrontare un crostaceo.

Un garibaldi che scaccia una stella marina

Damigella che respinge una conchiglia

Gli uccelli
In primavera, **combattimenti** accaniti oppongono talvolta i **cigni** per la difesa del territorio. Se l'intruso non rimane impressionato da questa dimostrazione di forza, la lotta viene sostenuta a **colpi di ali** a terra e a **colpi di becco** in acqua.

Il **martin pescatore**, che deve mangiare ogni giorno l'equivalente di due terzi del suo peso, **insegue** ogni rivale che sconfina sul suo territorio di pesca. Capita anche che **attacchi** l'imprudente immobilizzandogli il becco.

Combattimenti talvolta violenti

Sorveglianza di gruppo

I **suricati**, piccoli carnivori africani che vivono in colonie composte da una trentina di elementi, affidano ad alcune **sentinelle** la sorveglianza del loro territorio. Allorché si avvicina un grande predatore, le sentinelle lanciano acuti **latrati**. Tutti i suricati si nascondono nelle tane che hanno in comune.

Duelli tra maschi

Il comportamento territoriale è molto sviluppato presso i mammiferi e la difesa del territorio dà spesso luogo a **combattimenti**. Gli animali che si battono cercano soprattutto di intimidirsi. Le regole della lotta sono ben definite. I **rinoceronti** si affrontano regolarmente sui confini dei loro territori: due maschi simili si avvicinano, **incrociano i loro corni**, poi arretrano e li sfregano per terra. Ripetono l'operazione per un'ora, distogliendosi quindi l'uno dall'altro. È solo quando il proprio dominio è gravemente minacciato da un altro maschio che il rinoceronte si batte corno in avanti, col rischio di ferire o uccidere l'avversario.

Insetti sociali

Presso le **api**, le **operaie**, munite di un temibile **pungiglione**, proteggono l'ingresso dell'alveare.

Anche le **formiche** hanno dei "soldati" che sorvegliano il formicaio. Le **formiche cerbere** bloccano l'ingresso del nido con la loro enorme testa.

Combattimenti collettivi

Presso la maggior parte delle scimmie, sono i maschi a difendere il territorio. I combattimenti sono codificati: gli avversari si insultano con grandi grida, si lanciano oggetti, ma senza farsi male, e poi se ne vanno. Presso gli **entelli d'India**, le femmine prendono parte alla difesa del territorio, perché esso è di loro proprietà. Un solo maschio adulto vi abita. Se un giovane maschio viene a scacciarlo, prende possesso di tutto il branco. Capita allora che egli uccida i piccoli del maschio precedente.

COMUNICARE
IL LINGUAGGIO CHIMICO

Per comunicare tra di loro, gli animali usano una vasta gamma di mezzi espressivi. I messaggi chimici, facendo appello all'odorato, sono abbastanza misteriosi. Ci sono volute numerose ricerche perché si scoprisse questo modo di comunicazione e si riuscisse a decodificare i messaggi odorosi, silenziosi, invisibili e... per la maggior parte inaccessibili all'olfatto umano. Essi possono tuttavia spiegare numerosi comportamenti animali.

Come gli altri animali, i mammiferi secernono sostanze odorose in piccolissime dosi, i **feromoni**, sufficienti comunque a far reagire i loro simili. Un topolino spaventato emana feromoni di allarme che fanno fuggire gli altri topi.

Messaggi di richiamo

Benché siano capaci di comunicare attraverso un linguaggio sonoro e corporeo, i mammiferi usano vari **segnali odorosi** per consegnare **messaggi**, marcare il territorio, riconoscersi tra animali della medesima specie o dare l'allarme. Gli **odori** servono anche per attirare i compagni del sesso opposto. Nel periodo della riproduzione, le cagne e le gatte emettono **feromoni** il cui odore attira i maschi.

Incontri odorosi

I messaggi chimici giocano un ruolo molto importante nella riproduzione. Nell'oscurità dei grandi abissi marini, i **pesci rospo** (1) maschi non possono localizzare le femmine se non attraverso la pista odorosa che esse lasciano in acqua. Le **ostriche** (2) non possono spostarsi. Potrebbero affidare al caso l'incontro tra ovuli e spermatozoi, necessario ad ogni riproduzione, ma la natura non ama lo spreco. Femmine e maschi comunicano pertanto attraverso i feromoni: una femmina ostrica libera i suoi ovuli in acqua solo quando il maschio le segnala che sta emettendo i suoi spermatozoi. Tale fenomeno è presente anche presso i **ricci di mare** e i **coralli** (3).

Per conoscersi e comprendersi

Il linguaggio chimico degli insetti

Studiando le **farfalle**, gli scienziati hanno scoperto la comunicazione chimica. Le farfalle femmine emettono infatti i feromoni per attirare i maschi. Per favorire la diffusione del loro messaggio nell'aria, le femmine agitano rapidamente le ali. Le molecole odorose giungono con l'aiuto del vento alle antenne dei maschi, distanti parecchie centinaia di metri. Questi allora si dirigono verso la sorgente. Ed è ancora grazie alle loro antenne che le **formiche** "leggono" i messaggi chimici emessi dai loro simili.

Esse ricoprono di messaggi odorosi anche le piste che conducono ad una fonte di cibo, attirando in tal modo altre operaie che porteranno il bottino nel formicaio. Si vedono spesso le formiche esplorare il terreno con le loro antenne. Se poni il tuo dito su questo sentiero invisibile, le formiche si disperderanno. Una di esse avrà forse emesso un **segnale d'allarme** odoroso, sotto forma di una gocciolina rilasciata dal pungiglione. Si ritrova questo tipo di allarme chimico presso le api. Situata di fronte all'alveare, l'ape guardiana scaccia ogni individuo di cui non riconosce l'odore. Quando due formiche si incrociano, si toccano con le loro antenne per riconoscersi.

Odori potenti

I feromoni vengono liberati in piccolissime quantità, ma sono estremamente potenti. Presso le **formiche** e altri **insetti sociali**, come i **topi**, i **bovini** e gli **ovini**, i maschi alla ricerca di una compagna emettono un feromone che ha il potere di trasformare gli organi sessuali delle femmine e di renderle pronte a riprodursi.

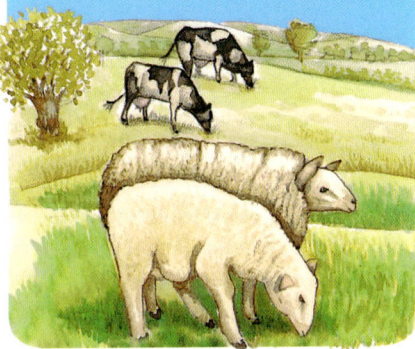

Un odorato finissimo

Serpenti e **lucertole** hanno un cattivo udito ma un **eccellente odorato**. Oltre al naso, sono dotati sul palato di organi olfattivi supplementari: gli **organi di Jacobson**. Il serpente raccoglie gli odori grazie alla lingua che li porta al palato, dove essi vengono analizzati.

narice
organo di Jacobson

COMUNICARE
IL LINGUAGGIO VISIVO E TATTILE

Guardami quando ti parlo! È ciò che potrebbero dire gli animali che per comunicare usano la mimica, atteggiamenti corporei o gesti. Siccome questi messaggi fanno appello alla vista ma anche al tatto, hanno particolare importanza presso gli animali sociali. Fanno parte dei codici della vita di comunità, regolano le relazioni tra individui ed evitano conflitti pericolosi per il gruppo.

Pericolo!
Quando un **gatto** è felice, **fa le fusa**. Ma quando si sente minacciato, si esprime con suo **corpo**. Peli rizzati, schiena incurvata… dovrebbe bastare a dissuadere l'aggressore. I **codici gestuali** del gatto sono tuttavia propri della sua specie: un cane non potrebbe comprenderli.

Siamo amici
Quando due **zebre** si toccano il collo, **si salutano** ma esprimono anche la volontà di intrattenere **relazioni pacifiche**. Questo tipo di messaggio è essenziale quando capita in un branco dominato da un solo maschio adulto. Chi sfida il capo dovrà affrontarlo in un violento combattimento. Se perde, sarà scacciato dal branco e dal suo territorio.

All'attacco!
Le **scimmie** sviluppano la **mimica**, diversa a seconda della specie. Mostrando i denti, questo **scimpanzé** indica che sta passando all'attacco.

Del suo antenato il lupo, il **cane** ha conservato l'abitudine di comunicare col corpo. Alcuni specialisti avanzano l'ipotesi che esso abbai solo per imitare i suoi padroni uomini. Zampe posteriori tese all'indietro, zampe anteriori piegate, il nostro compagno ci invita a giocare. È fornito di un notevole repertorio di atteggiamenti… che spetta a noi codificare!

Il linguaggio dei gesti

Baci di amicizia
Numerosi animali si baciano e si toccano per **identificarsi**, **confortarsi** o affermare le loro buone relazioni. Le **otarie**, come i **trichechi**, si leccano e si sfregano frequentemente il muso. **Leccarsi** è anche un segno di amicizia presso la maggior parte dei **bovidi** (buoi, bufali, gazzelle) e dei **felini**.

La danza dell'ape
Quando un'ape ha scoperto fiori ricchi di nettare, informa l'alveare della scoperta con una **danza convenzionale**. Un **tondo** significa che il bottino è almeno a 100 m di distanza dall'alveare, un "**otto**" che è a più di 100 m. Il ritmo della danza dà informazioni sulla quantità di nettare a disposizione.

① ②

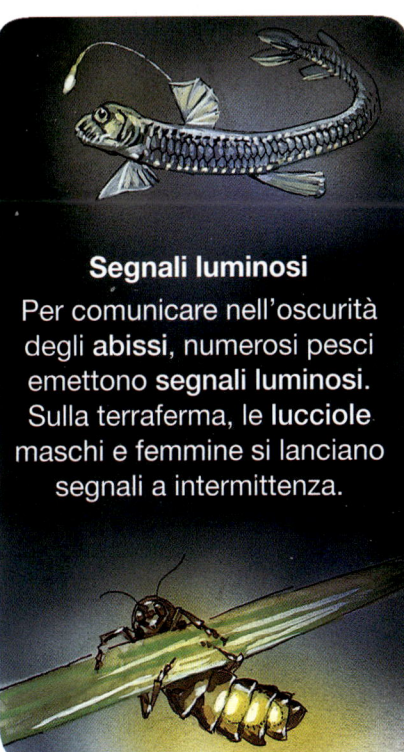

Toglimi i pidocchi!
Le **scimmie** passano lunghi momenti a **spulciarsi**. Non si tratta solamente di una questione igienica: lo spidocchiamento può aver luogo anche se non c'è l'ombra di un pidocchio (o di una pulce) sulla pelliccia. È un **rituale sociale** che rafforza i legami tra i membri del gruppo. I più giovani non vi partecipano: essi devono prima apprendere le regole del gruppo.

Sei tu il capo
Quando un **lupo** contesta l'autorità del **maschio dominante**, questo mostra i denti, drizza la coda e le orecchie. Se accetta la legge del capo, il **sottoposto** si corica schiena a terra e zampe all'aria.

Segnali luminosi
Per comunicare nell'oscurità degli **abissi**, numerosi pesci emettono **segnali luminosi**. Sulla terraferma, le **lucciole** maschi e femmine si lanciano segnali a intermittenza.

COMUNICARE
IL LINGUAGGIO SONORO

Dai fondali marini fino al cielo, il mondo animale risuona dei rumori e dei suoni più vari, producendo per il nostro orecchio un'insopportabile cacofonia o una musica melodiosa. I messaggi così formulati sono essenzialmente messaggi di identificazione, seduzione, allarme o difesa... Gli scambi sonori dei delfini o delle scimmie di Vervet suggeriscono tuttavia una comunicazione più complessa.

Dare l'allarme

I messaggi di allarme delle **scimmie di Vervet** vengono annoverati tra i più complessi. Questi animali della savana africana usano grida differenti per identificare i loro predatori. Se la sentinella ha avvistato un'aquila, il suo **urlo** fa precipitosamente scendere le scimmie dai rami; se invece si presenta una pantera, l'urlo incita a balzare il più in alto possibile. Quando il grido segnala un pitone, le scimmie si guardano attorno per scorgerlo. Le varie urla utilizzate sono diverse a seconda dei gruppi e vengono imparate anche dai piccoli. Per dare l'allarme, il castoro batte la sua coda piatta sulla superficie dell'acqua. Tutti i membri della famiglia si precipitano allora verso la tana.

Ogni autunno, durante la migrazione verso le zone di riproduzione, le **megattere** producono uno stupendo concerto. I maschi intonano, talvolta per intere ore, lunghi e lamentosi accordi per richiamare le femmine. Ciascuno ha un canto lievemente diverso dall'altro.

Sedurre

Il **canto** fa parte dei mezzi di seduzione usati dai maschi per attirare le femmine. Presso gli **uccelli**, anche quelli che abitualmente sono poco loquaci, come l'aquila, vocalizzano per sedurre. Le loro grida di amore non uguagliano il canto melodioso e ardente dei passeracei, come l'usignolo o il merlo. La **cavalletta** maschio "canta" o **stridula** per chiamare le femmine sfregando le zampe contro le dure nervature delle sue ali. Le **rane** e i **rospi** maschi hanno anch'essi il loro canto d'amore, diverso da una specie all'altra. Inspirando, il maschio gonfia la sua **sacca vocale** (talvolta due), che amplifica il suono prodotto dal passaggio dell'aria sulle **corde vocali**.

In ascolto dei messaggi cifrati

Identificarsi

Il suono è un mezzo molto comodo per localizzare un proprio simile in luoghi dove la vista non è sufficiente. Sulla banchisa antartica, i membri di una famiglia di **pinguini imperatori** si riconoscono senza problemi in mezzo alla calca. Ogni pinguino ha, dalla nascita, un **urlo individuale** che ne rappresenta la firma per tutta la vita.

Numerosi pesci, allo stesso modo, utilizzano segnali acustici per localizzare i loro congeneri sia in mare che in acqua dolce. Il **pesce gatto** contrae e rilascia la sua vescica natatoria per farla risuonare, o sfrega le pinne contro la spina dorsale.

I **delfini** comunicano grazie a **ticchettii** e **fischi** che formano melodie proprie di ciascun individuo. I due tipi di suono permettono ad essi di scambiarsi informazioni quando cacciano in gruppo. Conducono persino dei veri **dialoghi**: gli scienziati hanno scoperto almeno 1 000 modulazioni diverse, che formano delle "**frasi**"… di cui si ignora, purtroppo, il significato.

Intimidire

Vivendo in banco, il **gamberetto "pistola"** dissuade i predatori producendo suoni che assomigliano alla detonazione di una pistola. Per respingere un rivale o anche solo un intruso, l'**astice americano grugnisce**… e il **leone marino**, come altre foche o otarie, **abbaia**. Questi latrati servono solo per intimidire. Le femmine abbaiano anche per chiamare il maschio quando vengono importunate da qualche giovane pretendente o per ritrovare i loro piccoli smarriti sulla spiaggia.

Il gamberetto "pistola" e l'astice si servono entrambi di mezzi sonori per intimidire i loro avversari.

Il linguaggio del gatto

Studiando i gatti domestici, un ricercatore svizzero ha identificato **16 suoni diversi**. **Fare le fusa** equivale a stare bene. Per comunicare con il padrone, il gatto **miagola**, formando delle "vocali" richiudendo la bocca ogni volta. Richiede così di mangiare o di uscire. Tra di essi, i gatti lanciano piuttosto grida o ringhi.

COMUNICARE
L'ECOLOCAZIONE

Come fa il pipistrello a cacciare di notte minuscole zanzare? Come fa il delfino ad individuare uno squalo a più di 500 m di distanza, in acque dove non c'è visibilità? Gli scienziati hanno trovato la risposta a queste domande solamente nel 1938 per il pipistrello e nel 1956 per il delfino: questi animali utilizzano le onde sonore per avere una visione molto precisa del loro ambiente. Questo fenomeno si chiama ecolocazione (o ecolocalizzazione).

Gli uccelli notturni si orientano nell'oscurità grazie a una vista molto perfezionata. Il **guaciaro** dell'America del Sud, detto anche uccello dell'olio, si serve dell'ecolocazione per dirigersi nelle oscure caverne in cui vive. Ma i "clic" emessi sono percepibili dall'uomo.

Il pipistrello

Per svelare il segreto dei pipistrelli, gli scienziati hanno teso delle corde di pianoforte in una stanza e hanno bendato gli occhi di un pipistrello, che ha evitato ogni ostacolo! Ma quando gli sono state tappate le orecchie, non è più stato capace di orientarsi. È dunque grazie all'**orecchio** che questo mammifero si orienta.
In realtà, il meccanismo è più complesso. Il pipistrello emette suoni acutissimi, chiamati **ultrasuoni**, che l'orecchio umano non può sentire.

Queste **vibrazioni sonore** circolano velocissimamente nell'aria e, quando incontrano un ostacolo – o una preda –, rimbalzano e ritornano al pipistrello sotto forma di **eco**. Portato dall'orecchio al cervello, l'eco viene analizzata e fa risaltare l'immagine dell'ostacolo. È così che alcuni pipistrelli possono individuare nell'oscurità un moscerino a 1,35 m di distanza!

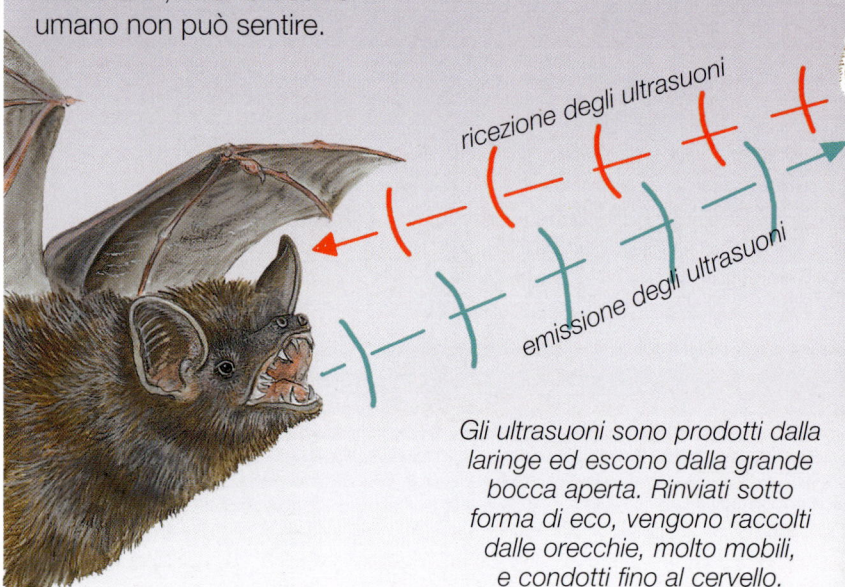

ricezione degli ultrasuoni

emissione degli ultrasuoni

Gli ultrasuoni sono prodotti dalla laringe ed escono dalla grande bocca aperta. Rinviati sotto forma di eco, vengono raccolti dalle orecchie, molto mobili, e condotti fino al cervello.

Quando gli animali "vedono" grazie al suono

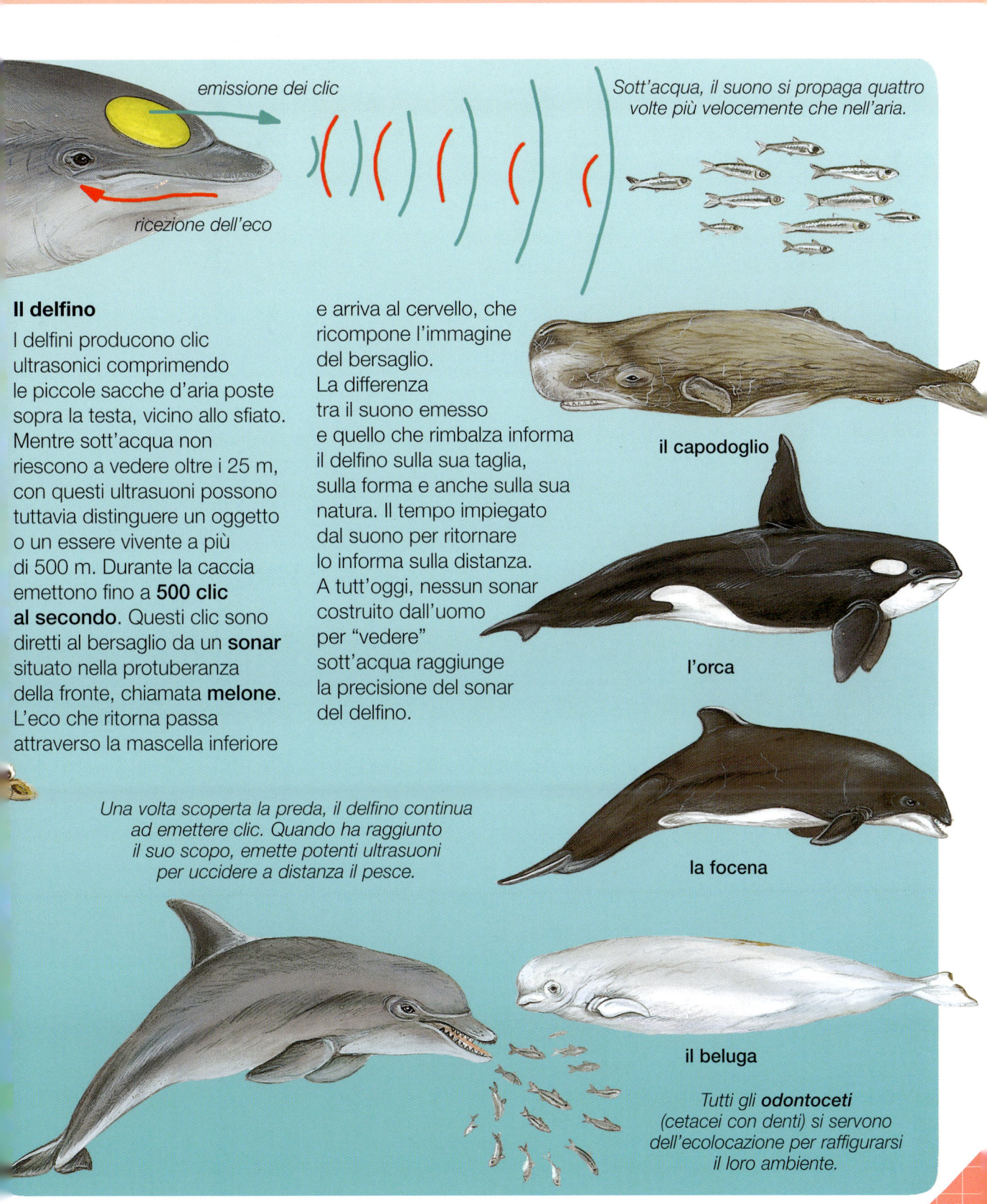

emissione dei clic

ricezione dell'eco

Sott'acqua, il suono si propaga quattro volte più velocemente che nell'aria.

Il delfino

I delfini producono clic ultrasonici comprimendo le piccole sacche d'aria poste sopra la testa, vicino allo sfiato. Mentre sott'acqua non riescono a vedere oltre i 25 m, con questi ultrasuoni possono tuttavia distinguere un oggetto o un essere vivente a più di 500 m. Durante la caccia emettono fino a **500 clic al secondo**. Questi clic sono diretti al bersaglio da un **sonar** situato nella protuberanza della fronte, chiamata **melone**. L'eco che ritorna passa attraverso la mascella inferiore e arriva al cervello, che ricompone l'immagine del bersaglio.
La differenza tra il suono emesso e quello che rimbalza informa il delfino sulla sua taglia, sulla forma e anche sulla sua natura. Il tempo impiegato dal suono per ritornare lo informa sulla distanza. A tutt'oggi, nessun sonar costruito dall'uomo per "vedere" sott'acqua raggiunge la precisione del sonar del delfino.

il capodoglio

l'orca

la focena

Una volta scoperta la preda, il delfino continua ad emettere clic. Quando ha raggiunto il suo scopo, emette potenti ultrasuoni per uccidere a distanza il pesce.

il beluga

*Tutti gli **odontoceti** (cetacei con denti) si servono dell'ecolocazione per raffigurarsi il loro ambiente.*

VERSO UN VERO COMUNICARE LINGUAGGIO

L'uomo è l'unico animale dotato della parola, questo è certo. È anche l'unico a possedere un vero e proprio linguaggio, cioè un linguaggio che trasmette non solo numerose informazioni, ma anche emozioni e idee, e che può rievocare il passato o il futuro; è un linguaggio che si impara? La risposta a questa domanda non è semplice e divide coloro che studiano gli animali.

Scontento    Eccitato    Impaurito

Esprimere le emozioni

Parente molto prossimo dell'uomo, lo **scimpanzé**, che risiede nelle foreste africane, è un animale socievole e intelligente. Comunica con grida e gesti e può esprimere emozioni diverse con la **mimica facciale**. Ciò gli è reso molto più facile dal fatto che il suo muso non è peloso e dal possedere una **bocca molto mobile**. Come gli altri primati, lo scimpanzé ha, in più, uno **sguardo molto espressivo**. Per gli uomini che tentano di comunicare con gli scimpanzé la difficoltà consiste nel fatto che le loro espressioni non assomigliano alle nostre: mentre

Sentimenti condivisi

Le mamme **scimpanzé** mostrano un **vero affetto** verso i piccoli, che esse tengono continuamente con sé per tre o quattro anni.
Le loro tenerezze assomigliano molto alle nostre e se, malgrado la sorveglianza della madre, un piccolo muore, essa manifesta una grande **tristezza**, arrivando persino a rinunciare a cibarsi.
Anche gli **elefanti** manifestano il loro affetto ai simili: **barriscono di gioia**, dispiegano le orecchie, avvolgendo le proboscidi quando si incontrano.
Di fronte ad un elefante morto, lo annusano e lo sondano con la punta della proboscide, prolungando il rituale se si tratta

La **granula religiosa**, o merlo indiano, e alcuni pappagalli sono capaci di imitare la voce umana. Addomesticati, registrano e ripetono le frasi udite. Non sono invece capaci di comporre una nuova frase con le parole apprese. Pertanto non si può definire vero e proprio linguaggio.

Emozioni, gesti e pensieri

Tranquillo   Adirato

noi sorridiamo scoprendo
 denti, queste grandi scimmie
 mostrano solo in caso
 di aggressione.
 L'interpretazione si complica
 ancora di più se si tiene
 presente che, da un gruppo
 di scimpanzé a un altro,
 a mimica può variare.

 un membro del loro branco.
 Non si sente nessun suono, ma
 li elefanti comunicano spesso
 on **suoni a frequenza**
 almente bassa da non essere
 ercepibili dall'uomo.

L'apprendimento del linguaggio

Da molti anni gli scienziati americani insegnano il linguaggio umano alle grandi scimmie. **Scimpanzé** e **gorilla** apprendono l'inglese grazie a **simboli** disegnati su un computer e maneggiano la **lingua dei segni**. Dopo anni di tirocinio, il loro vocabolario rimane limitato ad un centinaio di segni. Ma essi non si accontentano di associare meccanicamente, a forza di allenamento, parole o segni a oggetti o azioni. Sono in grado di costruire **frasi** con soggetto, verbo e complemento e di creare nuove parole: "occhio-cappello" per maschera, "acqua-uccello" per cigno.
Questi primati hanno dimostrato a più riprese di poter provare vere **emozioni** e di **ricordarsi** di avvenimenti passati.
Uno di essi ha raccontato a un ricercatore come fu catturato nella foresta dopo il massacro di sua madre e una femmina ha essa stessa insegnato a suo figlio il linguaggio dei segni.
Un'altra ancora è stata capace di esprimere le sue preferenze per la scelta dell'innamorato!

COMUNICARE
INSETTI SOCIALI

Formiche, api e termiti sono insetti sociali: vivono in gruppi permanenti molto organizzati, le colonie. Ogni colonia è costituita attorno a parecchie regine, le uniche che possono riprodursi. Gli altri membri si dividono il lavoro; il loro posto nella comunità è generalmente definito dalla loro misura.
Non possono sopravvivere fuori della colonia.

Le formiche

regina — maschio — soldato — operaia

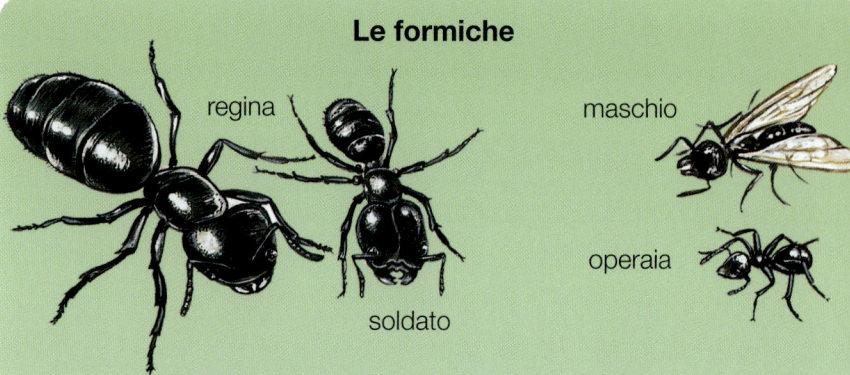

Contrariamente agli altri insetti sociali, le formiche accettano parecchie regine nel **formicaio**. La vita di una **regina** comincia veramente col **volo nuziale**: una sera d'estate, delle formiche alate, maschi e femmine, prendono il volo e si accoppiano. Subito dopo, i maschi muoiono. Le femmine fecondate deporranno milioni di uova nel corso dei loro dieci anni di vita. Le nuove regine si sbarazzano delle ali sfregandole contro le pietre.

Alcune si installano in una **colonia** già formata, altre scavano dei fori per porvi le prime uova. Le **larve** che si schiudono, nutrite dalla saliva della madre, sono tutte piccole **operaie**. Costruiscono il nuovo formicaio, nutrono la regina e allevano le figliate successive di larve.
Alcune uova contengono **soldati** dalle robuste mascelle, che difendono il formicaio; altre, invece, formiche alate capaci di riprodursi.

Anche altri invertebrati formano delle società, meno sviluppate di quelle degli insetti.
In Guyana, esistono minuscoli **ragni** che tessono insieme tele di parecchi metri di larghezza. Possono in tal modo intrappolare grosse prede che poi si dividono.

Spaccato di un formicaio

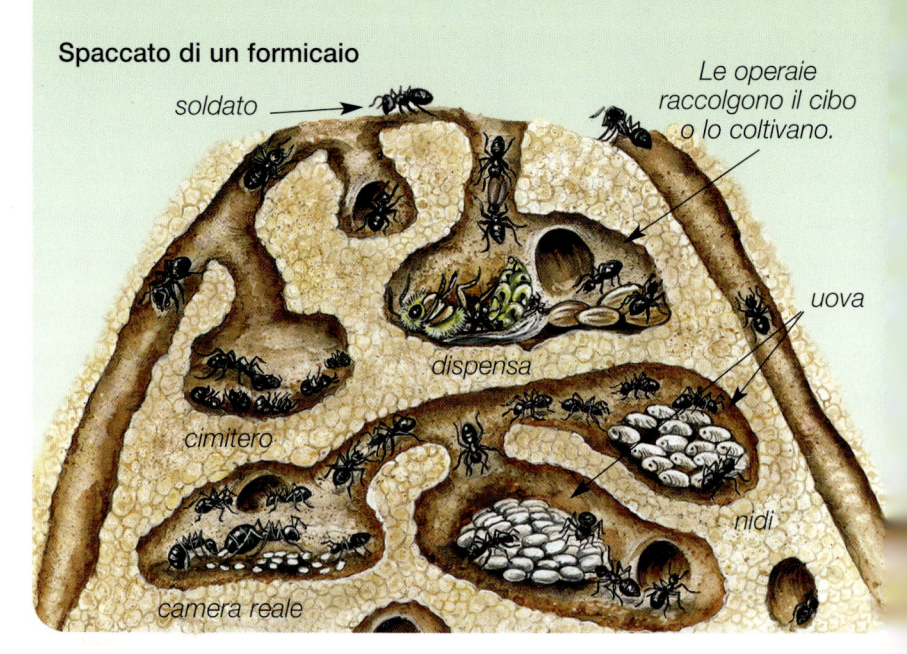

soldato — Le operaie raccolgono il cibo o lo coltivano. — dispensa — uova — cimitero — nidi — camera reale

A ciascuno il suo ruolo

Le operaie intorno alla regina

Le api

Che ci si trovi in un **nido** di api selvatiche, sistemato in un albero o in un ramo cavo o in un **alveare** fabbricato dall'uomo, si può trovare una sola **regina**. Essa deve le sue dimensioni al regime speciale da cui dipende la sua crescita: viene nutrita per sedici giorni con **pappa reale**, secreta dalle **operaie**, mentre le larve normali hanno diritto a soli tre giorni di questo pasto. La regina esce una volta dal nido, seguita dai **fuchi**, api maschi che la fecondano. Saranno espulsi dall'alveare alla fine dell'estate. La regina rientra quindi nel nido, dove trascorre i suoi tre o quattro anni di vita a deporre le uova. Femmine sterili, le operaie nutrono la regina e le larve, costruiscono cellette esagonali secernendo la **cera**, raccolgono il **nettare** zuccherato e il **polline** dei fiori che, una volta digerito, darà il **miele** accumulato in previsione dell'inverno. Queste disciplinate e devote operaie non vivono mai più di qualche settimana.

Le termiti

Le colonie di termiti si distinguono per la presenza di un **re** e di una **regina**, che si accoppiano frequentemente durante i loro quindici anni di vita in comune. La regina, enorme, depone **un uovo ogni tre secondi**. Le larve vengono nutrite di muffe o di legno dalle **operaie**, tutte giovani e di sesso indeterminato.

re — regina — soldato — operaia

Queste operaie possono restare tali tutta la vita o, crescendo, diventare **soldati** dalla grossa testa e dalle potenti mandibole. Talvolta, le loro ali crescono; possono così diventare riproduttrici, maschi o femmine. Solo le termiti tropicali costruiscono i **termitai**, con palline di terra incollata dalla saliva, che possono accogliere fino a **5 milioni di termiti**. Una rete di **gallerie** collega parecchie camere, usate come nidi o dispensa.

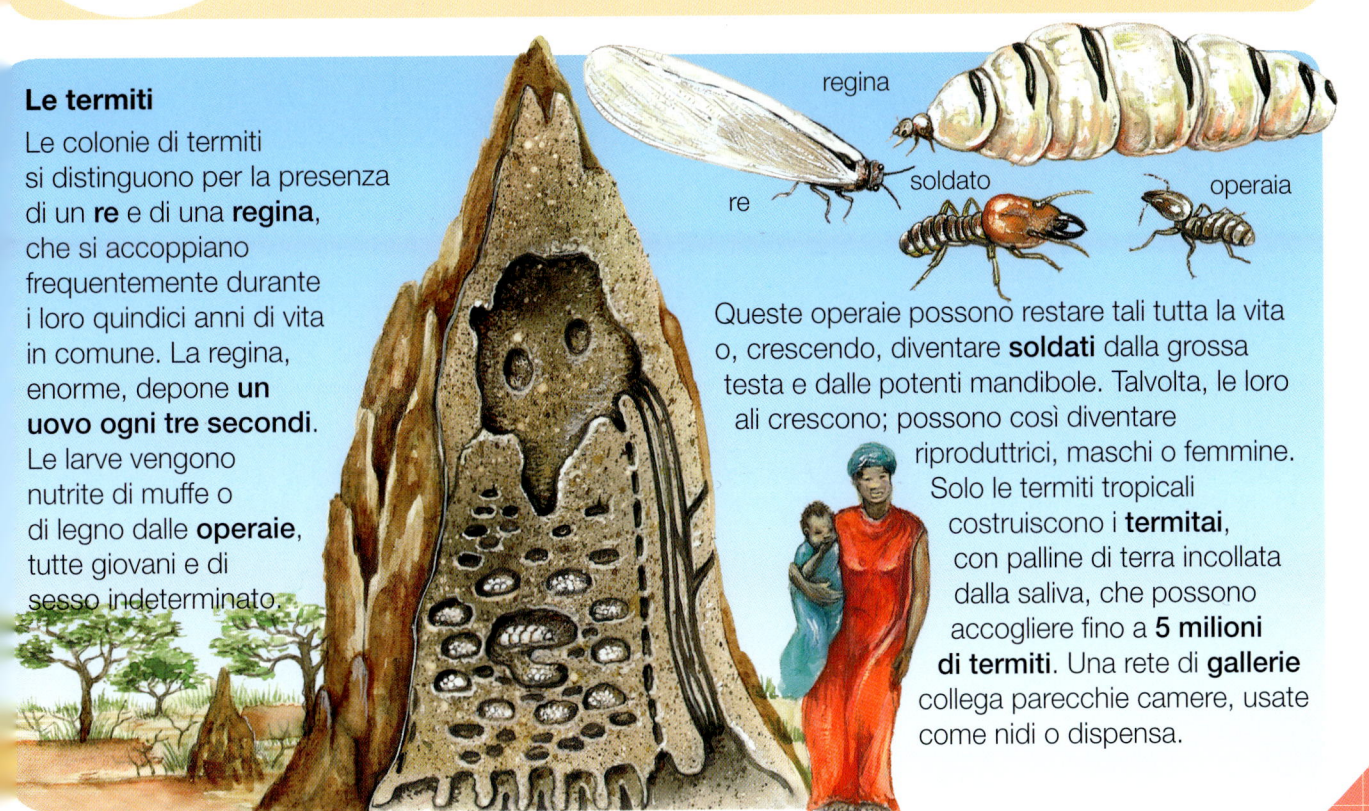

COMUNICARE
UCCELLI SOCIALI

La vita in comune degli uccelli non assomiglia a quella degli insetti. Eccettuati i più socievoli, gli uccelli si radunano solo periodicamente, per migrare, riprodursi o riposarsi. Può avvenire un raduno senza vera cooperazione tra gli individui: se ne stanno fianco a fianco, contando sull'effetto di massa per allontanare i predatori, ma non si dividono le mansioni. Insomma, in una colonia o in uno stormo di uccelli, ciascuno conserva la propria identità. Coloro che hanno un carattere più forte prendono eventualmente il potere. Ma il capo, anche nelle società più gerarchiche, può essere detronizzato in qualsiasi momento.

Lo spirito collettivo del fenicottero

I **fenicotteri** sono gli uccelli più socievoli. Le loro **colonie** riuniscono fino a un milione di individui attorno al fenicottero nano. I fenicotteri fanno tutto insieme. Nella stagione degli amori, si abbandonano a straordinarie **parate nuziali collettive**: migliaia di uccelli maschi dispiegano le loro ali, girano la testa da destra a sinistra, in un balletto impeccabilmente a tempo. Poi, tutti gli uccelli in età di riproduzione si accoppiano e, allo stesso tempo, depongono le uova. I piccoli si riuniscono in un **nido comunitario** da quando diventano un po' più disinvolti. Vi si sono posti sotto la sorveglianza di adulti forestieri ma sono nutriti dai loro genitori.

Nidi collettivi

Cugini africani dei passeri, i **tessitori** nidificano e si nutrono in stormi. La cooperazione è spinta all'estremo tra i **tessitori repubblicani**. I maschi costruiscono insieme un **nido collettivo**, coprendo di erba secca una parte di un albero. In seguito, sistemano in questa

fenicotteri rosa

struzzi

Vita in comunità

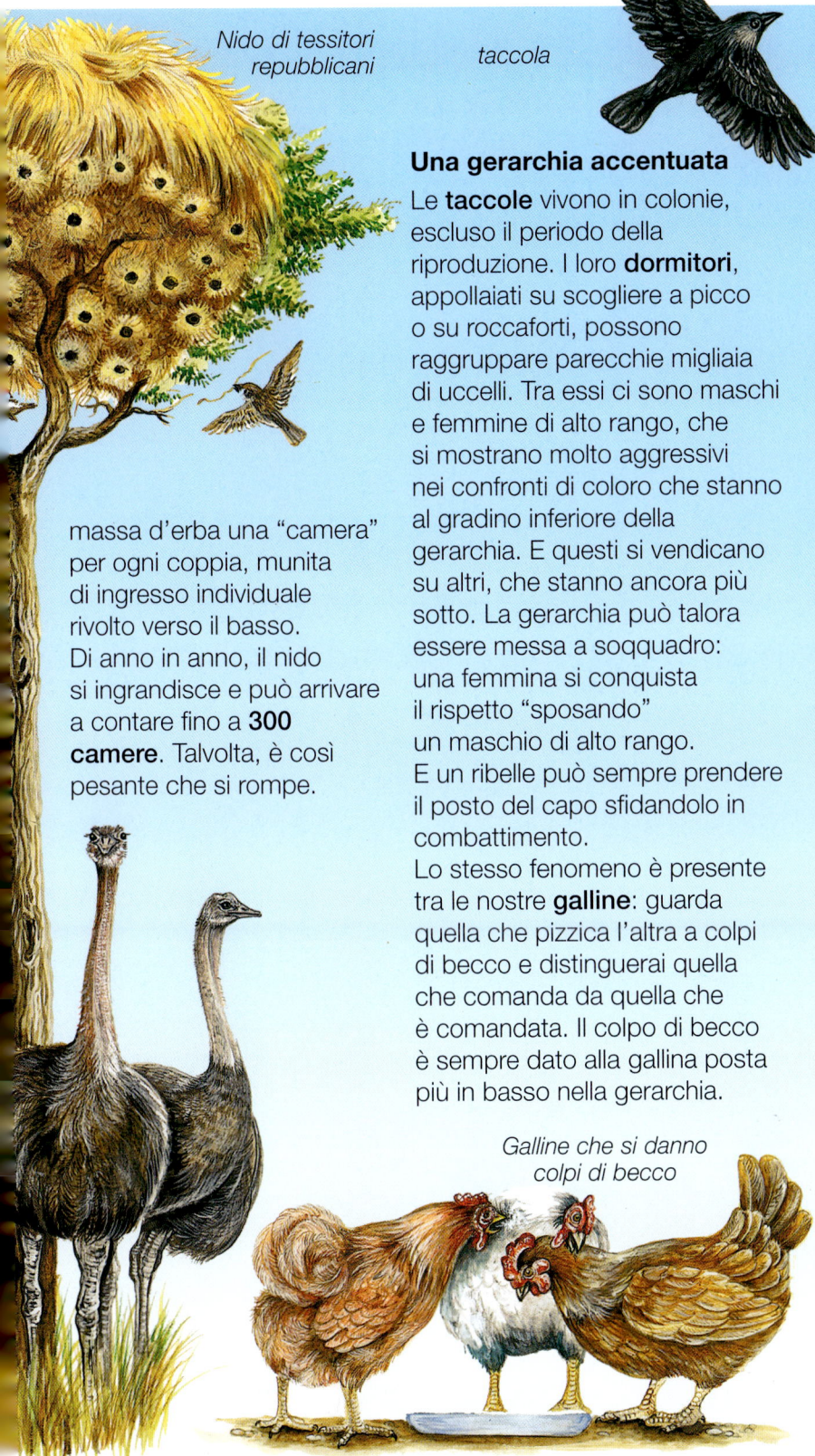

Nido di tessitori repubblicani

taccola

Una gerarchia accentuata

Le **taccole** vivono in colonie, escluso il periodo della riproduzione. I loro **dormitori**, appollaiati su scogliere a picco o su roccaforti, possono raggruppare parecchie migliaia di uccelli. Tra essi ci sono maschi e femmine di alto rango, che si mostrano molto aggressivi nei confronti di coloro che stanno al gradino inferiore della gerarchia. E questi si vendicano su altri, che stanno ancora più sotto. La gerarchia può talora essere messa a soqquadro: una femmina si conquista il rispetto "sposando" un maschio di alto rango. E un ribelle può sempre prendere il posto del capo sfidandolo in combattimento.
Lo stesso fenomeno è presente tra le nostre **galline**: guarda quella che pizzica l'altra a colpi di becco e distinguerai quella che comanda da quella che è comandata. Il colpo di becco è sempre dato alla gallina posta più in basso nella gerarchia.

massa d'erba una "camera" per ogni coppia, munita di ingresso individuale rivolto verso il basso. Di anno in anno, il nido si ingrandisce e può arrivare a contare fino a **300 camere**. Talvolta, è così pesante che si rompe.

Galline che si danno colpi di becco

Stormi di struzzi

Tra gli **struzzi**, il nido è veramente in comune: le **4 o 5 femmine raggruppate attorno al maschio** depongono le uova in un unico buco e si danno il cambio per aiutare il padre a covare venti o trenta uova. Più avanti, i giovani struzzi formano bande di adolescenti, mentre i loro genitori si riuniscono in gruppi di una **cinquantina di esemplari**. Il gruppo viene guidato da un maschio o da una femmina che decide il luogo e l'ora dei pasti.

Tutti al caldo

Gli uccelli marini non conoscono la gerarchia e si riuniscono solo per riprodursi. Ma se nidificano gli uni vicino agli altri, è per dissuadere i predatori con il loro numero. Solo i **pinguini** danno prova di una certa cooperazione. Adulti e giovani, allevati in **nidi**, formano piccoli gruppi per stare al caldo sulla banchisa e proteggersi contro i nemici, che prendono di mira soprattutto le uova.

I pinguini scivolano a volte sul ghiaccio in fila indiana.

COMUNICARE
MAMMIFERI SOCIALI

Tra i mammiferi, come tra gli altri animali, ci sono grandi solitari, il ghepardo, l'orangutan, che frequentano i loro simili solo nel periodo della riproduzione, e quelli che non possono vivere al di fuori di una comunità. Le società di mammiferi possono essere sottomesse al potere dei maschi o organizzarsi attorno alle femmine.

Per essere il capo, bisogna sapersi imporre. I **canguri rossi** si battono tra maschi per determinare chi dominerà il gruppo, composto da una decina di animali. Solo il maschio dominante può accoppiarsi con le femmine del gruppo.

Società patriarcali
Nelle società dette patriarcali, i maschi e le femmine vivono insieme tutto l'anno. Il gruppo è posto sotto l'autorità di **uno o più maschi dominanti**. Lo statuto di dominante dà il diritto di riprodursi e di assicurare la discendenza. Va a braccetto con un dovere di **protezione del gruppo**, in particolare delle femmine e dei loro piccoli.

I babbuini
Questo tipo di società è frequente tra le scimmie. I **babbuini** della savana africana vivono in branchi da venti a cinquanta unità. Il modo in cui si collocano quando stanno riposando o in marcia testimonia l'organizzazione del branco. Al centro si trovano le femmine che hanno dei piccoli o stanno per averne. Sono sotto la protezione diretta dei maschi più grossi. Ciascuno di essi ha un **harem** formato da parecchie femmine. Poi vengono le femmine senza piccoli. Attorno al branco si trovano i maschi adulti inferiori e i giovani babbuini. Vengono scacciati dal branco non appena il loro pelo prende il colore di quello degli adulti.

I lupi
Una **muta di lupi** è composta da 10-15 animali. Essa è diretta da un **maschio dominante** che forma una coppia stabile con una femmina. Solo questa coppia si riproduce. Attorno ad esso, la muta raccoglie i piccoli delle figliate precedenti, accolti fino ai due anni, e qualche altro adulto che non ha il diritto di riprodursi.

Riunirsi attorno ai (alle) più forti

Società matriarcali

Nelle società matriarcali, è la femmina, la più forte e la più esperta, a condurre il gruppo. Nella maggioranza dei casi, i maschi vivono al loro fianco, solitari o in branchi meno organizzati, e si congiungono al gruppo solo al momento della riproduzione.

Le iene

Le **iene a chiazze** formano **mute** dominate da una femmina, che dirige la caccia, ma non è l'unica a riprodursi. I maschi vivono con la muta. Ciascuno dei membri partecipa alla difesa del territorio. Quando nascono i piccoli, solo le madri se ne occupano. All'età di 2 o 3 mesi, vengono posti in una **tana comune** e allattati, fino a 7 mesi, da una "**nutrice**". Le iene adulte manifestano la loro sottomissione alla iena dominante con una specie di riso un po' terrificante.

Gli elefanti

Gli elefanti maschi sono piuttosto solitari e si congiungono alle femmine solo per accoppiarsi. Gli elefanti vivono in branchi formati da femmine che hanno legami di parentela e dai loro figli, di età diverse: gli elefanti diventano adulti all'età di 12 anni! Il branco obbedisce alla **femmina più anziana**, che marcia sempre in testa. Il suo ruolo è di fondamentale importanza: se essa muore prematuramente, la sopravvivenza stessa del gruppo viene minacciata.

Una famiglia unita

Gli animali raramente formano famiglie ristrette, come quelle degli uomini, ai genitori e ai loro figli. I **castori** sono un'eccezione: il padre e la madre, che formano una coppia stabile, vivono coi piccoli nati nel corso degli anni finché anch'essi non formano una propria famiglia.

Famiglia monoparentale

Il **procione** fa parte della cerchia degli animali solitari. Il maschio e la femmina si ritrovano per accoppiarsi. La femmina si occupa poi da sola dei tre o quattro piccoli per la durata di circa un anno. Il maschio si accontenta di difendere il territorio.

COMUNICARE
LA SPARTIZIONE

Vivere in società significa obbedire a regole di vita comune e a un capo, se ce n'è uno. Vuol dire anche spartirsi uno spazio comune, delle cure ai piccoli e dei giochi.
La spartizione del cibo è più rara, anche tra le specie che cacciano insieme: in genere, i più forti trattengono le parti migliori! L'aiuto ai più deboli rimane sempre un'eccezione.

Le città sotterranee dei cani della prateria

Nelle **colonie** di cani della prateria, ogni famiglia possiede la sua tana e un pezzo di prateria. Il capofamiglia si assicura che i vicini non vi si avventurino. I piccoli, invece, possono circolare liberamente da una tana all'altra attraverso la galleria principale e tutti gli adulti si occupano di essi. L'organizzazione in "**città**" consente una sorveglianza comune della prateria: ad ogni pozzo di accesso, una sentinella vigila e avvisa tutti in caso di pericolo.

Di solito, solo le scimmie femmine si occupano dei piccoli.
Tra le **bertucce del Marocco**, i maschi li coccolano volentieri. Dividendosi le cure date al piccolo, essi consolidano i loro legami. E se scoppia una disputa tra maschi, è sufficiente che uno dei due porga un piccolo all'avversario perché questo si calmi.

I licaoni, campioni di spartizione

In un **clan di licaoni**, formato in genere da una decina di maschi e femmine coi loro piccoli, **non esiste un capo**. Questi cani selvatici africani non ne hanno bisogno per vivere insieme. Mentre gli uni cacciano, gli altri rimangono alla tana per occuparsi dei piccoli. Al loro ritorno, i cacciatori, che non sono sempre gli stessi, **dividono il cibo** equamente: ciascuno di essi rigurgita i grossi pezzi di carne che ha divorato durante la caccia per nutrire i piccoli, i loro custodi e anche i malati e i feriti. La distribuzione dà luogo a innumerevoli leccate vicendevoli di musi.

Regole di vita

Giochi comuni

I piccoli dei mammiferi giocano per piacere e per **imparare a vivere**. I piccoli **macachi giapponesi** si sono abituati a giocare con la neve delle montagne su cui vivono facendone rotolare grosse palle. Quando giocano insieme, talvolta anche con gli adulti, imparano semplicemente la vita in comunità.

Disposti muso contro muso, i **leoncini** si danno colpi di zampa e morsetti… senza farsi veramente male.

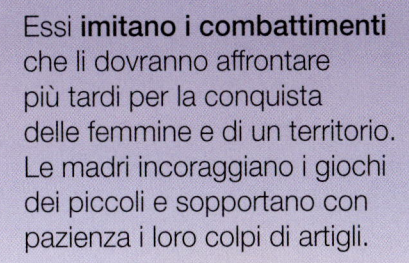

Essi **imitano i combattimenti** che li dovranno affrontare più tardi per la conquista delle femmine e di un territorio. Le madri incoraggiano i giochi dei piccoli e sopportano con pazienza i loro colpi di artigli.

La solidarietà

La solidarietà non è la qualità migliore degli animali. Spesso, poiché la sopravvivenza del gruppo è più importante di quella del singolo, i più deboli vengono abbandonati al loro destino. I mammiferi più socievoli soccorrono tuttavia i malati e i feriti… nella misura in cui ciò è possibile! In un **branco di elefanti**, la solidarietà è fortissima. La femmina dominante arriva a rischiare la propria vita per proteggere la sua "squadra". Se un **elefantino** cade, le femmine del branco lo circondano e fanno di tutto per rimetterlo in piedi.

I **delfini**, che vivono e cacciano in gruppo, si mostrano molto solidali. Quando un gruppo viene attaccato da uno squalo, ognuno fugge. Ma se uno di essi viene ferito e richiama i compagni con fischi di soccorso, essi tornano indietro ad affrontare lo squalo. Se riescono a farlo fuggire, un delfino si farà carico del salvataggio del ferito: scivola al suo fianco e lo sostiene durante tutta la risalita in superficie, dove potrà respirare.

COMUNICARE LE ALLEANZE

Capita che animali che non hanno niente in comune vivano insieme. Queste alleanze possono prodursi a beneficio anche di un solo associato: un animale, ad esempio, si nutre sopra un altro animale approfittando dei resti del suo pasto, senza dargli niente in cambio. Si parla allora di **commensalismo**, termine che significa "condivisione della stessa tavola". Altre volte, l'associazione è vantaggiosa per tutti: è la **simbiosi**, che vuol dire "con vita".

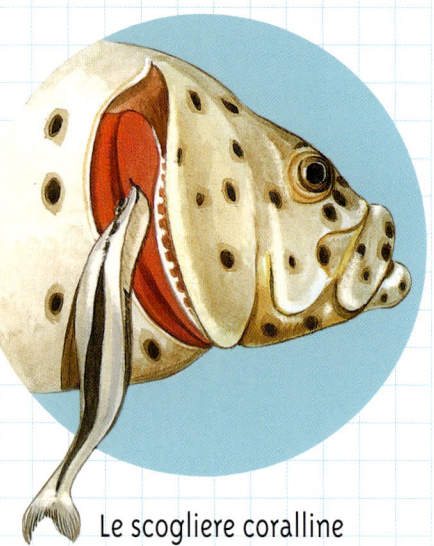

Le scogliere coralline hanno i loro luoghi di pulizia, dove i **pesci dei coralli** vengono a sbarazzarsi dei parassiti che minacciano la loro salute. Il **labro pulitore**, che assicura questo servizio in coppia o in gruppo, si nutre di questi parassiti.

Le remore si fanno trasportare volentieri dallo squalo balena.

Trasporto e riparo

Le **remore** hanno sopra la testa una **ventosa** che consente loro di fissarsi su animali molto più grossi, **cernie, testuggini, balene** e, soprattutto, **squali**. Approfittano così di un trasporto senza fatica e non hanno alcuna difficoltà a nutrirsi: quando il loro ospite mangia, si distaccano e afferrano ciò che cade dalla sua bocca, e poi si riattaccano. Sembra che le remore lavorino anche come pulitrici, liberando i loro soci dai parassiti.

Anemoni protettrici

L'unione tra il **paguro bernardo** e l'**anemone di mare** dura spesso tutta la vita. Ogni qualvolta il crostaceo cambia la conchiglia, si trascina anche l'anemone. Nel trasportarlo, essa allontana i predatori, permettendogli di trovare maggiore abbondanza di cibo. Una specie di **anemone di mare** vive in simbiosi col **pesce pagliaccio**. Esso vi trova un riparo sicuro contro i predatori, che temono i suoi **tentacoli velenosi**. Per vivere tra le braccia dell'anemone, il pesce pagliaccio si sfrega contro i suoi tentacoli e ciò lo "vaccina" contro il veleno del suo ospite. In cambio di tale protezione, il pesce pagliaccio libera l'anemone dei detriti che gli impediscono di respirare bene.

Quando una specie si allea con un'altra

Molteplici benefici
Gli **aironi guardabuoi** (1) hanno fatto alleanza coi grossi erbivori della savana africana. **Bufali**, **elefanti** e **rinoceronti** sollevano, spostandosi, nugoli di cavallette e scarabei, di cui i piccoli cacciatori vanno matti e che essi devono solo beccare. In cambio, sbarazzano dai parassiti questi mastodontici animali e, con le loro urla, fanno opera di prevenzione quando qualche felino si avvicina. Lo **storno pungibuoi** (2), completamente bruno, è una sentinella assolutamente vigile, ma ha la spiacevole abitudine di scavare nelle ferite dei suoi ospiti e di berne il sangue quando gli strappa le zecche, le pulci e le larve che ne infestano la pelle.

Pranzo in comune
Il **ratel** (3), una specie di grosso tasso africano, si associa col **picchio indicatore** (4). L'uccello lo guida verso i nidi delle api. Il ratel distrugge il nido e si rimpinza di miele. L'indicatore mangia la cera e le larve che non potrebbe procurarsi senza l'aiuto del ratel.

La schiena di un rinoceronte è un'eccellente postazione di guardia per i guardabuoi. Essi prevengono il loro ospite da tutti i pericoli, ma spiano anche l'arrivo dell'aquila rapace, il loro peggior nemico.

NUTRIRSI
I VEGETARIANI

Nel corso dell'evoluzione, gli animali si sono adattati ad ambienti diversi: la loro alimentazione si è specializzata in funzione delle risorse disponibili. I vegetariani mangiano solo vegetali. Le piante non si muovono, dunque la conquista del cibo è abbastanza facile, ma i vegetali sono tutto sommato meno nutrienti della carne. Occorre perciò ingerirne una maggior quantità e la digestione è più lunga.

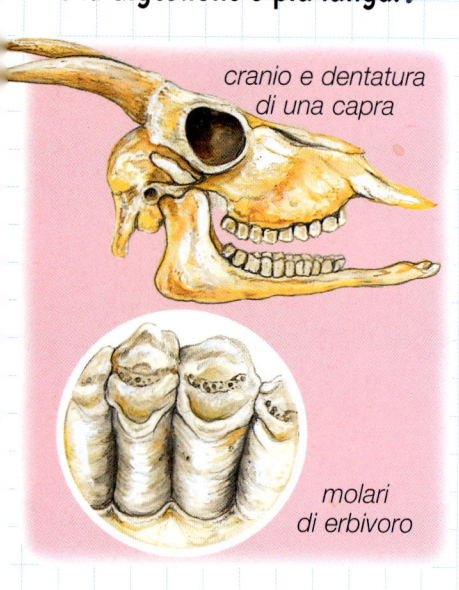

ruminanti

Gli erbivori

Le **erbe** e le **foglie** di cui si nutrono gli erbivori sono difficilmente digeribili.
I **ruminanti** – tra cui lo stambecco, la capra, la giraffa, l'antilope, la mucca e il cammello – **mangiano in due tempi**. Brucano una grande quantità di erba e la ingoiano senza masticarla. Poi si coricano per ruminare. Per la ruminazione ci vuole almeno altrettanto tempo che per la raccolta. Il cibo attraversa lentamente il loro **stomaco con quattro cavità**.
La prima cavità, il **rumine**, serve per l'immagazzinamento. Quando l'animale rumina, fa risalire l'erba in bocca per triturarla.

L'erba triturata passa attraverso le altre cavità, prima di essere spedita verso l'intestino.
I ruminanti sanno far fruttare il loro cibo, ma durante la lunga digestione sono più esposti ai predatori.
I **non ruminanti** – l'elefante, il cavallo, la zebra, l'ippopotamo e il rinoceronte – hanno uno stomaco semplice. Sono meno schizzinosi sulla qualità del cibo, che digeriscono rapidamente. Addirittura, spesso una parte del cibo viene espulsa senza essere stata digerita: nello sterco, si trovano pezzi di fusti. Ma questi animali devono mangiare molto di più: l'elefante ha bisogno di 150 kg di vegetali al giorno, contro i 70 della mucca.

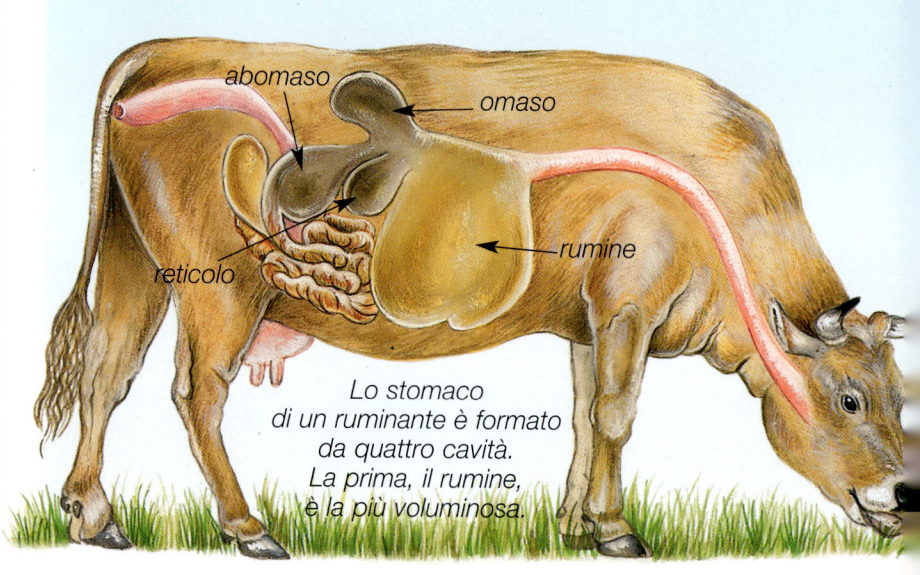

cranio e dentatura di una capra

molari di erbivoro

La dentatura degli animali è adatta alla loro alimentazione. Gli erbivori, mangiatori di erba, hanno **molari piatti**, usati per triturare i vegetali. Siccome si rovinano rapidamente, crescono continuamente, a differenza degli incisivi, che strappano l'erba.

abomaso — omaso — rumine — reticolo

Lo stomaco di un ruminante è formato da quattro cavità. La prima, il rumine, è la più voluminosa.

Menu: erbe, chicchi, frutti o alghe

non ruminanti

Un solo menu per il koala

Il **koala** mangia solo **foglie di eucalipto**. Trascorre ogni notte 4 ore a spogliare rami di eucalipto per avere la sua razione di 500/1 000 g di foglie. Il resto del tempo, dorme… e digerisce!

Un menu più vario

La dieta dello **scoiattolo**, composta di noci, nocciole, ghiande e pinoli, ricchi d'olio, è più nutriente. Lo scoiattolo è dotato di quattro lunghi incisivi a crescita continua. Essi vengono usati in obliquo, fatto che li rende molto efficaci per liberare i frutti dal guscio e staccarne i trucioli.

La dieta degli uccelli

Gli **uccelli frugivori** hanno pochi problemi per digerire la polpa dei frutti che mangiano. La frantumazione dei chicchi, di cui si nutrono gli uccelli **granivori**, è più difficoltosa, poiché non hanno denti. Essa avviene nel ventriglio, la parte posteriore dello stomaco. L'uccello inghiotte dei sassolini; quando contrae il ventriglio molto muscoloso, i sassolini schiacciano i chicchi.

Succhiatori di nettare

I **colibrì** si nutrono di nettare, un liquido zuccherato che si forma in fondo alle corolle dei fiori. Per raggiungere questa bevanda, essi sono dotati di un becco sottile, talvolta più lungo del loro corpo, e soprattutto di una lunga lingua a forma di tubo: aspirano il nettare come con una cannuccia.

Golose di plancton

Le **balene** si nutrono di **plancton**, composto contemporaneamente di alghe e animali microscopici. Per nutrirsi, questi cetacei inghiottono un enorme volume d'acqua nella sacca formata dalla mascella inferiore, e poi risputano l'acqua. Il plancton viene trattenuto dai fanoni della mascella superiore.

NUTRIRSI
CARNIVORI E ONNIVORI

Ricca di proteine, fosforo e ferro, ma anche di grassi, la carne è indispensabile per gli animali a causa dell'energia che produce. È più digeribile dei vegetali, ma richiede una ricerca più attiva. Tra i mangiatori di carne si distinguono due categorie di animali: i carnivori, che si nutrono esclusivamente di carne animale, e gli onnivori, che possono mangiare contemporaneamente altri animali e vegetali.

La maggioranza dei **serpenti** si nutrono di animali molto più grossi di loro. Grazie all'elasticità delle mascelle e della pelle, essi li divorano interi, senza masticare. La digestione, tra i carnivori, dura lunghe ore.

Carnivori
Si dicono carnivori tutti gli animali che cacciano per mangiare.
I felini sono tutti carnivori.
Leoni e **leopardi** mangiano grossi mammiferi erbivori come le antilopi, anche piccoli roditori o, nel caso dei leopardi, scimmie e uccelli.
I leoni, che in età adulta hanno bisogno di **5 o 6 kg di carne** tre volte la settimana, aggiungono talora al menu anche i serpenti.
Tra i carnivori, troviamo anche la **donnola** e la **puzzola**, e i canidi: **lupi**, **cani** e **iene**. Queste ultime sono allo stesso tempo carnivore e "sciacalli", cioè mangiatrici di carogne.
I mammiferi carnivori hanno una dentatura adatta al loro regime alimentare: le **zanne**, grandi canini appuntiti, per uccidere, e i **denti ferini**, grossi e taglienti molari, per tranciare e fare a brandelli la carne.
I **rapaci** sono uccelli carnivori. La maggioranza dei **serpenti** e i **coccodrilli** sono anch'essi carnivori.

Onnivori
Come l'uomo, alcuni animali **mangiano di tutto**: sono onnivori.
Tra le scimmie, la maggior parte delle quali è vegetariana, gli **scimpanzé** e i **babbuini** si nutrono anche di piccoli mammiferi.

Carne animale a pranzo

a gli animali ritenuti carnivori, **procioni** sono in effetti nnivori, come le **volpi**, il cui enu, in estate e in autunno, clude frutti e prede.
nche gli **orsi** sono onnivori. d eccezione dell'orso bianco, e mangia principalmente che, e dell'orso labiato Sloth, un insettivoro voratore di termiti, gli altri orsi anno un'alimentazione varia, omposta da piccoli mammiferi soprattutto roditori -, salmoni, acche, erba, foglie e miele. cuni scienziati hanno studiato limentazione dei feroci grizzly l Canada: essa è costituita r otto decimi di vegetali! el resto, a parte l'orso bianco, e ha molari appuntiti, orsi hanno perso i loro denti ini: i **molari** sono **piatti arrotondati**, per triturare piante.

Insettivori
Questi **carnivori** hanno la loro razione di proteine animali dalla caccia di insetti, ragni e vermi. Le **lucertole** e alcuni uccelli come i **picchi** sono insettivori, come il **formichiere**. Anch'essi insettivori, i **ricci** e i **toporagno** completano occasionalmente il pasto con animali morti.

Piscivori
Il menu di questi carnivori è **a base di pesce**. Si trovano tra i piscivori predatori marini come lo **squalo**, l'**otaria**, la **foca** o il **tricheco**, uccelli come l'**aquila pescatrice** o il **pellicano**, ed anche mammiferi semi-acquatici come la **lontra**.

Bevitori di sangue
Se la **zanzara** punge, è per bere il nostro sangue. Nell'America del Sud, il morso dei due canini del **pipistrello vampiro** inflige una ferita in uccelli, tapiri, mucche, e talvolta anche uomini, per prelevare una piccola quantità del loro sangue.

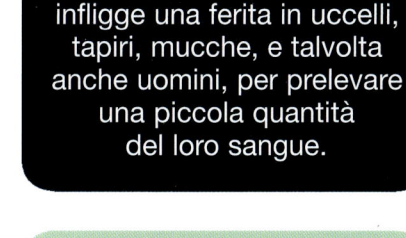

Mangiatori di carogne
L'**avvoltoio**, come la **iena**, è un **mangiatore di carogne**. Non ha bisogno di cacciare: mangia gli avanzi dei cadaveri degli animali abbandonati dai loro predatori.

Mangiatori di escrementi
Questi animali non mangiano altri animali: si nutrono dei loro escrementi, come ad esempio lo **scarabeo stercorario**, che arrotola il suo bottino nei sentieri boschivi.

NUTRIRSI
LA CATENA ALIMENTARE

I vegetariani sono mangiati dai carnivori, che possono a loro volta essere la preda di altri carnivori.
Gli uni e gli altri costituiscono, da morti, una vera delizia per i mangiatori di carogne e i riciclatori, come i batteri, i vermi e gli onischi, che si nutrono dei resti degli animali in decomposizione. Questi riciclatori producono l'humus, sul quale crescono le piante mangiate dai vegetariani... Così si forma una catena alimentare.

Alla base della catena alimentare si trovano i vegetali, **produttori** di cibo per tutti i "**clienti**" animali.

Una catena terrestre

In questo disegno, la catena alimentare parte dall'albero, le cui **foglie** vengono mangiate, come indica la freccia, dal **bruco**. Il bruco, primo consumatore, viene a sua volta mangiato dalla **sterpazzola** o dal **riccio**. Questi predatori vengono mangiati l'una dallo **sparviero** e l'altro dalla **volpe**.

Una catena marina

Nell'oceano, la catena alimentare ha come base il **plancton**, formato da alghe microscopiche, larve di pesci, crostacei e meduse.
Questo plancton, che va alla deriva in superficie, viene mangiato dai **gamberetti** e da altri **crostacei** (ma anche dalle balene).
I gamberetti vengono mangiati dalle **aringhe** e da altri pesci, che a loro volta sono mangiati dalle **foche** o da grossi pesci.
Le foche sono le prede delle **orche**, superpredatori degli oceani, insieme agli squali.
L'unico loro nemico è l'uomo.

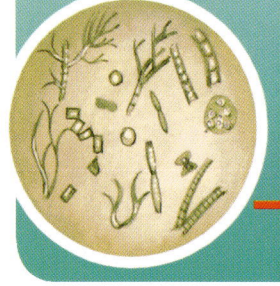

Mangiare ed essere mangiati

Questi animali, che non hanno predatori, si pongono in cima alla catena alimentare, rappresentabile dunque come una piramide: sono i **superpredatori**.

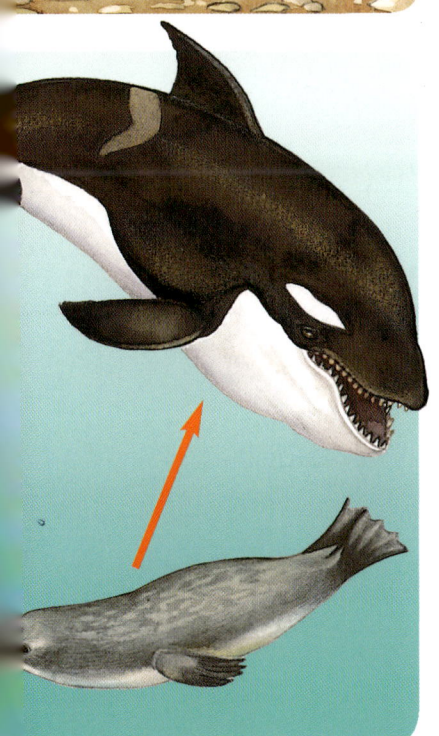

Un equilibrio fragile

Attraverso la catena alimentare, si vede bene che tutti gli animali che vivono nel medesimo ambiente sono dipendenti gli uni dagli altri. Ognuno, preso individualmente, è anche dipendente dall'**ambiente** in cui vive, che si tratti del bosco, della prateria o del deserto: ogni animale si è adattato, nel corso dell'evoluzione, alle risorse alimentari disponibili. La loro dentatura, il loro apparato digerente e lo stile di vita, sono il risultato di questo **adattamento**.

Ambienti distrutti

Tra gli abitanti e il loro ambiente si stabilisce così un fragile equilibrio. Un koala privato dell'eucalipto è condannato a morire, poiché mangia solo quello. Ogni volta che si distrugge un ambiente o che lo si inquina, è tutta la **catena alimentare** che viene **sconvolta**. Gli animali che la compongono sono in pericolo. Quando una petroliera riversa il suo petrolio nel mare, gli uccelli inzuppati di nafta non possono più volare e anche quelli che scampano non possono mangiare pesce. Le alghe vengono avvelenate e non possono più essere consumate.

L'anello mancante

La distruzione di un solo **anello** della catena rompe tutto l'equilibrio.
Se i leoni, superpredatori della savana, spariscono a forza di essere cacciati dall'uomo, le zebre e le gazzelle diventerebbero così numerose da divorare tutta l'erba senza lasciarle il tempo di ricrescere. E gli erbivori sarebbero vittime della carestia!

NUTRIRSI
CACCIATORI E PESCATORI

Per trovare la sua razione di carne, un predatore deve spesso dar prova di resistenza: un leone può cacciare per una decina di ore di seguito. È indispensabile una perfetta conoscenza del territorio di caccia o di pesca. Il cacciatore o il pescatore deve ugualmente dar prova di furbizia. Ogni predatore ha la sua strategia, adatta all'ambiente e alla preda prescelta.

Cacciatore solitario

Il **leopardo** è un cacciatore solitario e, come tutti i felini, un cacciatore temibile. Esso pratica volentieri la "**posta**". Eccellente arrampicatore, può piazzarsi su un albero a 7/8 metri di altezza, in attesa che la sua preda sia abbastanza vicina per **balzare** su di essa. Il leopardo pratica anche l'**avvicinamento mascherato**. Dopo aver scelto la vittima, preferibilmente isolata, le si avvicina senza farsi né vedere né sentire. Si ferma quando essa si ferma e avanza strisciando negli ultimi metri. Quando la sua preda lo individua, è ormai troppo tardi. Il leopardo si getta su di essa a più di **60 km/h**, la sbilancia sotto il suo peso e sprofonda nella sua gola le sue quattro zanne simili a pugnali.

Rapace notturno, la **civetta** esplora il suo territorio di caccia posandosi di albero in albero, in ascolto dei rumori. Quando ha individuato una preda, si assicura che non ci sia alcun ostacolo, e piomba coi suoi artigli sull'animale.

Caccia di gruppo

Tra i **leoni**, i maschi cacciano solitari mentre le femmine in gruppo. Insieme, possono prendere prede molto più grosse di loro, attaccare bufali di 500 kg pur pesandone solamente 120. Cacciano preferibilmente di notte: una di esse **bracca**, **insegue** e dirige la preda verso le sue compagne in un'**imboscata**. Il branco assale la vittima a colpi di artigli e di zanne.

Come fanno i predatori a catturare le loro prede

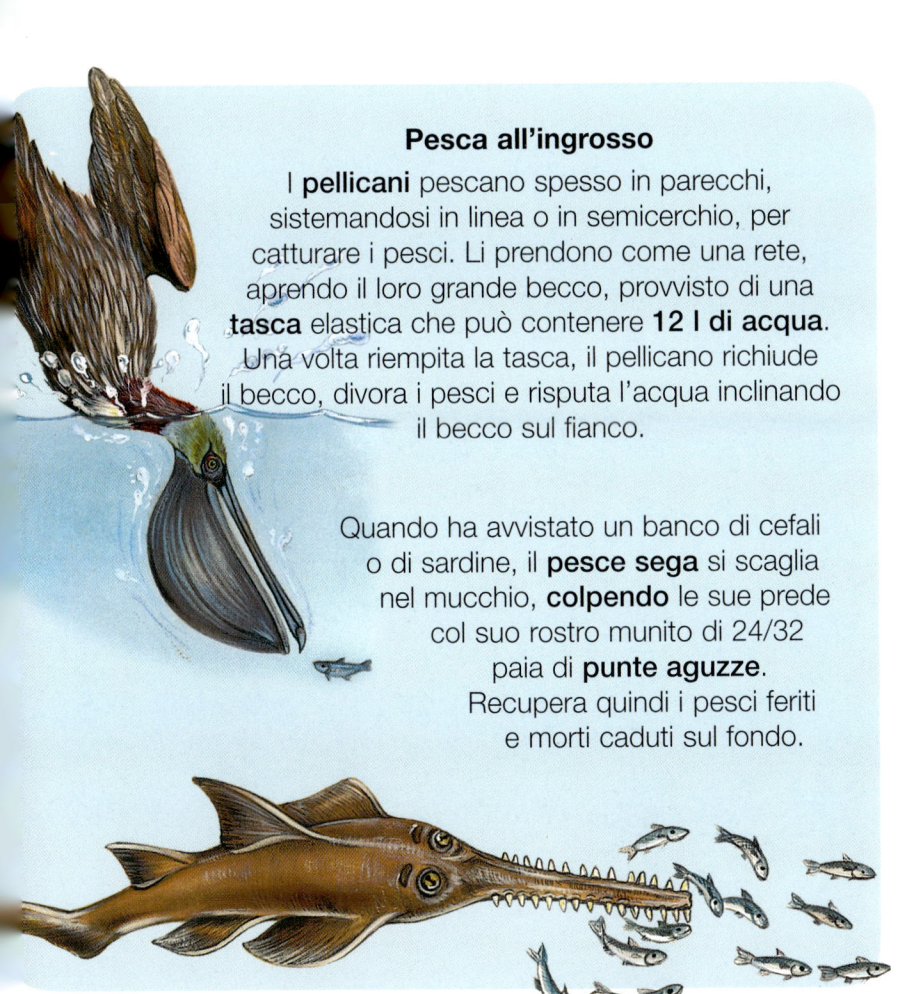

Gli orsi pescatori

Gli **orsi bruni** pescano i salmoni che risalgono i fiumi per riprodursi. I più furbi si pongono nel luogo in cui i salmoni devono saltare per superare un ostacolo: il pesce cade direttamente nella gola del pescatore! Altri **spiano** i salmoni sfiniti dal viaggio: con un **colpo di zampa**, il pesce viene preso e ucciso… in seguito consumato.

La tela del ragno

I **fili di seta** del ragno sono una **trappola perfetta per gli insetti**. Il cacciatore aspetta sulla **tela** che i fili si muovano, avvertendolo che la trappola ha funzionato. Esso divora subito la sua vittima o la deposita in un angolo della tela.

Pesca all'ingrosso

I **pellicani** pescano spesso in parecchi, sistemandosi in linea o in semicerchio, per catturare i pesci. Li prendono come una rete, aprendo il loro grande becco, provvisto di una **tasca** elastica che può contenere **12 l di acqua**. Una volta riempita la tasca, il pellicano richiude il becco, divora i pesci e risputa l'acqua inclinando il becco sul fianco.

Un getto d'acqua

Per catturare un insetto, il **pesce arciere** si mette sulla verticale sottostante la preda e la bombarda di acqua. Il suo **getto** può raggiungere i **2 m**! L'insetto colpito gli cade dritto dritto in bocca.

Quando ha avvistato un banco di cefali o di sardine, il **pesce sega** si scaglia nel mucchio, **colpendo** le sue prede col suo rostro munito di 24/32 paia di **punte aguzze**. Recupera quindi i pesci feriti e morti caduti sul fondo.

NUTRIRSI
GLI ATTREZZI DEI PREDATORI

I **predatori** non hanno solamente un cervello ben funzionante, che assicura loro una perfetta conoscenza del territorio di caccia e delle abitudini delle loro prede, ma sono anche dotati di sensi molto affinati. A seconda delle specie, uno di essi verrà maggiormente utilizzato. Inoltre, possiedono armi temibili per catturare e uccidere le loro vittime.

Le armi
I **rapaci** sono dotati di un **becco uncinato**, dai bordi taglienti, che affonda come una cesoia nella carne della preda.
I **falchi** hanno sul bordo del becco una **punta a forma di dente** che consente di spezzare il collo delle loro vittime.

I **carnivori** hanno **potenti mascelle** e canini molto appuntiti, chiamati **zanne**, efficaci come pugnali. È con queste armi che uccidono le prede. Mordono la loro vittima al collo per reciderle le arterie e soffocarla rapidamente.

Molti **rapaci** uccidono con gli **artigli**. Non appena scelta la preda, trafiggono i suoi organi vitali, ad esempio il cuore, o le rompono le ossa con le unghie aguzze e ricurve.

I **felini** estraggono le **unghie** solo al momento della cattura, per aggrapparsi alla preda e farla a pezzi.

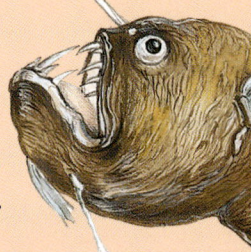

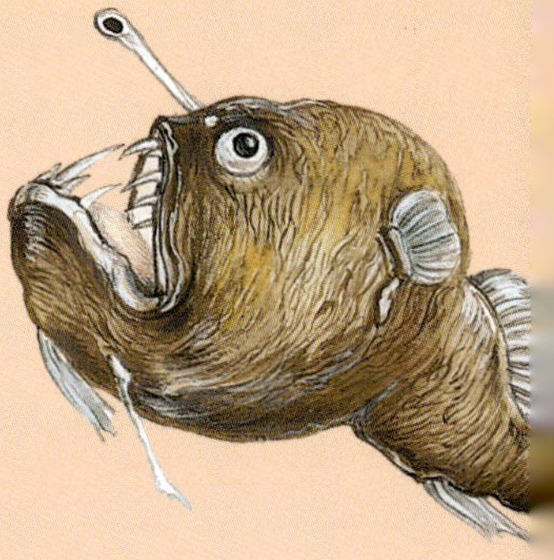

Il **pitone australiano** si nutre abitualmente di gechi che divora vivi. Se cattura un topo, preferisce soffocarlo con le sue spire. I **boa costrittori** usano la medesima tecnica per uccidere... le gazzelle.

La **rana pescatrice** attira le prede verso la sua enorme bocca grazie a un "**filamento da pesca**" situato sulla sua pinna dorsale.

Il **camaleonte** cattura gli insetti con la sua lunga **lingua** appiccicosa.

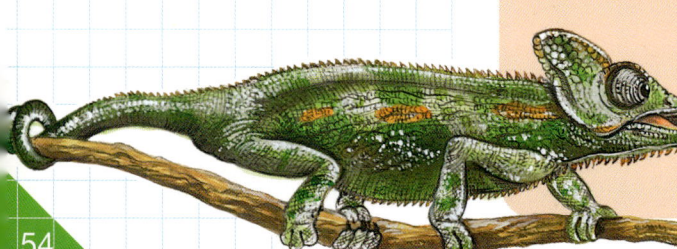

Sensi e armi per uccidere

I sensi

I **rapaci** cacciano soprattutto a **vista**. Coi loro grandi occhi, vedono i dettagli quattro volte meglio dell'uomo e individuano una preda a parecchi chilometri di distanza. Valutano con precisione la distanza che li separa da essi, una virtù che possiedono anche i felini. I **felini**, come la lince, e i rapaci notturni, come il gufo, hanno occhi le cui pupille si ingrandiscono al buio, il che permette loro di cacciare di notte.

Gli uni e gli altri possiedono anche un eccellente **udito**, con il quale captano i suoni più deboli. Il **pipistrello** caccia solo grazie alle orecchie, utilizzando l'ecolocazione *(vedi pag. 32)*.

La **volpe**, il **cane** e il **lupo** hanno un olfatto particolarmente sviluppato. Percepiscono le tracce dell'**odore** della preda molto prima di averla vista o sentita. Possiedono un organo speciale, l'**organo di Jacobson**, peraltro meno sviluppato di quello del serpente, che consente loro di analizzare gli odori percepiti.

I **pesci** possiedono lungo il loro corpo dei recettori che consentono di **percepire le vibrazioni** dell'acqua provocate dallo spostamento degli altri pesci. Questi recettori sono più sviluppati nei pesci predatori, come il **luccio**, che si nutrono di altri pesci.

Ghiandole velenifere

Le **vipere** possiedono **denti veleniferi**, ripiegati sul palato quando stanno a riposo. Quando attaccano, lo fanno a bocca aperta, mostrando i denti e affondandoli nella carne della vittima. Il veleno passa attraverso le ghiandole poste alla base dei denti e provoca emorragie mortali all'interno del corpo della vittima.

Alcuni **toporagno** sono provvisti di veleno situato nelle ghiandole salivari. Quando mordono, **avvelenano** la preda. Ciò permette ad esempio ai toporagno acquatici di acchiappare pesci o tritoni più grossi di loro.

NUTRIRSI
LO STOCCAGGIO

Non tutti gli animali sono imprevidenti come la cicala della favola di La Fontaine. Avendo cantato tutta l'estate, la cicala si trovò "sprovvista quando arrivò l'inverno" e dovette mendicare il cibo presso la previdente formica. Questa, come tanti altri animali, fa infatti provvista di cibo per i giorni nei quali è più difficile trovarlo.

Le "**formiche del miele**" si nutrono del nettare dei fiori e di uno **sciroppo di linfa** prodotto dagli afidi (o pidocchi delle piante). Queste delizie estive vengono immagazzinate nel ventre gonfio delle operaie, che trascorrono la vita sospese al soffitto del formicaio, alimentando le altre formiche della colonia in caso di scarsità di cibo.

Alla larga gli scrocconi

Un **leopardo** caccia all'incirca ogni tre giorni, due volte di più se si tratta di una femmina che deve nutrire i piccoli. Una grossa preda gli assicura il pasto per quasi due settimane. Ma questo predatore deve fare i conti coi **mangiatori di carogne**, sciacalli e iene, che non gli danno tregua finché non abbandona il suo bottino. Per sfuggire a questi "ladri", mette a profitto la sua dote di arrampicatore, trascinando la preda **sopra un albero**. Può così gustarsi in pace il frutto della sua caccia. Il tempo di stoccaggio è comunque ridotto: nei climi tropicali africani e asiatici, la carne non si conserva bene.

Dispense aeree

L'**averla** vive nei climi temperati dell'emisfero settentrionale. I roditori e gli uccelli che cattura possono essere stoccati in previsione dei giorni di maltempo o di una nidiata da nutrire. Essa **impala le sue prede** sulle dure spine di un susino selvatico o, in mancanza di alberi, sul filo spinato!

Scorte per i giorni difficili

Nascondiglio fangoso
Nel suo pasto, una **iena** divora fino a **15 kg di carne**. Ma le prede cacciate o sottratte da questi animali ai felini sono spesso più grosse di essi. Per non sprecare o lasciare le carcasse alla mercé degli avvoltoi e di altri uccelli della savana, che non ne farebbero avanzare un boccone, le iene chiazzate nascondono talvolta le prede in una **pozza di fango**. Sono in tal modo al sicuro. Le iene hanno una memoria buonissima per ricordarsi dei nascondigli, ai quali ritorneranno quando avranno fame.

Le riserve di uno sbadato
Non è il caso degli **scoiattoli**. Questi roditori nascondono riserve di semi di conifere, noci e noccioline in previsione dell'inverno, quando il bosco non offre più nutrimento. Le interrano in genere **ai piedi degli alberi**… ma non sempre ritrovano la loro dispensa.

Questi "smemorati" favoriscono così, senza saperlo, la crescita di nuovi alberi!

Dispensa sotterranea
È ancora **nella terra** che carnivori come il **puma**, la **tigre** e la **volpe** stoccano le loro prede: se capita un giorno che la caccia non sia abbondante, avranno sempre qualcosa da mettere sotto i denti.

In generale, la **talpa** non ha alcuna difficoltà a trovare da mangiare: i lombrichi cadono da soli nelle gallerie sotterranee quando scavano e larve di insetti vi sono abbondantemente depositate. Ma la talpa mangia tra i 40 e i 50 g di vermi al giorno. Per essere sicura di avere la sua razione quotidiana, dispone di una **dispensa all'estremità della galleria**. Lì vi stocca lombrichi vivi, paralizzandoli con un colpo di denti. Un giorno, si è scoperta una sua dispensa contenente **1 300 lombrichi**!

DIFENDERSI
LE ARMI DELLE PREDE

Le prede non sono poi così sguarnite di fronte ai predatori. Tutti gli animali possiedono la percezione del pericolo e sensi sviluppati per individuarlo. Possono allora affrontare la minaccia usando armi di cui la natura li ha forniti. Gli uni ricorrono alla difesa passiva, riparandosi dietro a una corazza, aculei o peli urticanti.
Gli altri contrattaccano, secernendo sostanze talvolta molto tossiche.

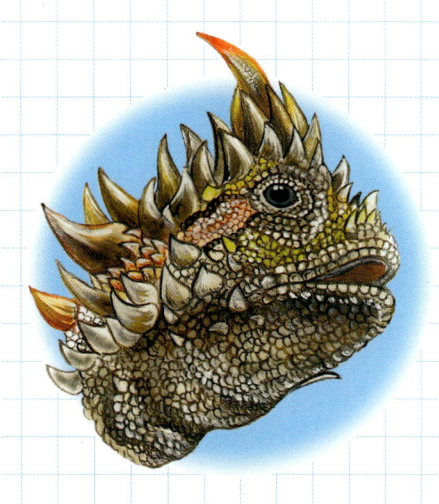

Chi mi tocca…
Il **riccio** ha il corpo ricoperto di **aculei** composti da peli incollati insieme, che compaiono qualche ora dopo la sua nascita. Quando si sente minacciato, si arrotola a **palla**, facendo rientrare testa e zampe ricoperte di **peli molto fini** al riparo nel suo corpo.

… si punge!
Il **pesce istrice** dei mari tropicali ha il corpo allungato. Quando si presenta un pericolo, smette di nuotare. Inghiotte acqua fino a **triplicare il suo volume** e a diventare **rotondo** come un pallone. I suoi **aculei**, abitualmente ripiegati, si raddrizzano per spaventare il proprio avversario.

Contrariamente alle altre lucertole, il **moloc**, che vive nel deserto australiano, si sposta lentamente e rimane a lungo nello stesso posto per rimpinzarsi di formiche. Sarebbe una facile preda se non possedesse una temibile armatura di spine pungenti che ne coprono l'intero corpo.

Al riparo…
La **lucertola armadillo** ha il corpo ricoperto di squame appuntite. Quando è minacciato, **si arrotola** su se stesso, prendendo la coda tra i denti. Il suo ventre, la parte più vulnerabile del corpo, si ritrova così protetta dagli attacchi dei predatori.

… della mia corazza
L'**armadillo** è un buffo mammifero americano, protetto da una **corazza dorsale** composta da placche ossee ricoperte di dura pelle. **Arrotolandosi**, forma un vero e proprio scudo vivente!

Dallo scudo all'arpione intossicante

Un sapore ripugnante

Quando è attaccata, la **salamandra chiazzata** abbassa la testa, presentando al predatore – toporagno, uccello o serpente – le **ghiandole** che porta sopra la testa. Queste ghiandole producono secrezioni di **cattivo sapore**. È d'altronde ciò che segnalano le sue macchie.

Peli che irritano

Il **bruco peloso**, come indica il suo nome, è **ricoperto di peli**, che però sono **urticanti**: essi provocano un temibile **prurito**. L'imprudente che si avvicina non lo rifarà più!

Animali velenosi

Il **veleno**, secreto da speciali ghiandole, è un'arma soprattutto difensiva che si trova in ogni gruppo animale, salvo gli uccelli. Gli **scorpioni** iniettano il loro veleno grazie ad un **pungiglione** posto in cima alla loro coda. I più pericolosi possono provocare una **morte** pressoché istantanea.

I **conus** sono delle stupende conchiglie… che possiedono un **veleno** estremamente potente. Essi lo iniettano attraverso una specie di **arpione** che lanciano in un baleno. Un grosso pesce viene **paralizzato** in pochi secondi. Alcuni conus possono **uccidere** un uomo.

L'**ornitorinco** maschio ha entrambe le zampe posteriori munite di uno **sperone velenoso** che esso pianta con forza nella carne del suo aggressore. La **puntura** provoca un gonfiore molto doloroso.

ornitorinco

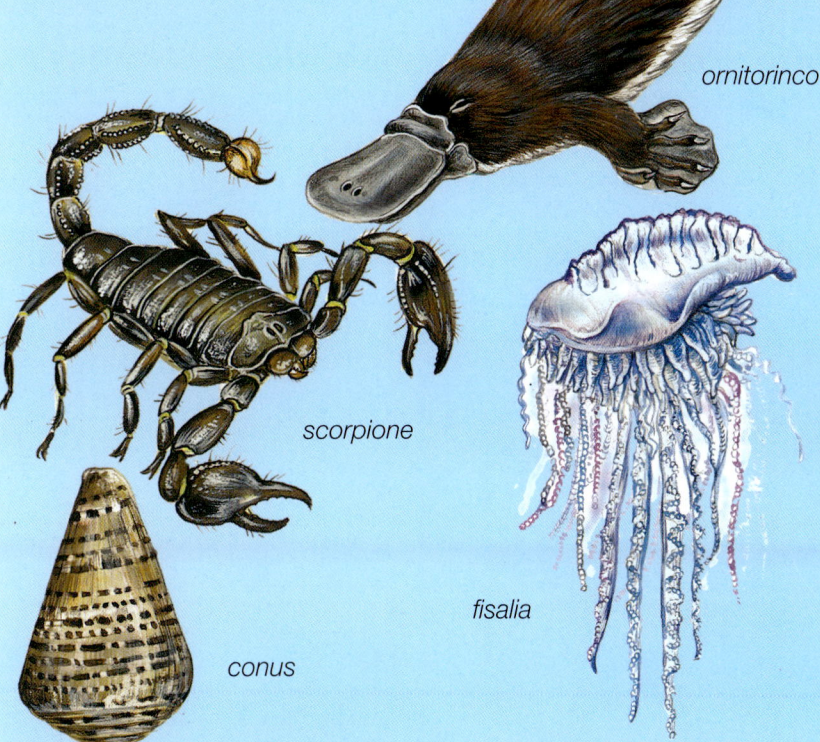

scorpione

conus

fisalia

La **fisalia**, una medusa dei mari caldi chiamata anche galera portoghese, è munita di lunghi filamenti ricoperti di cellule velenosissime: il loro veleno provoca **vesciche** brucianti per il bagnante e **paralizza** un pesce.

DIFENDERSI
PROIETTILI

Le prede possiedono mezzi di difesa variegati quanto le armi dei loro predatori. Animali molto diversi hanno la capacità di emettere sostanze per difendersi. Si tratta spesso non di uccidere chi minaccia quanto di neutralizzarlo per poter scappare. Questi "proiettili" si aggiungono eventualmente ad altre tattiche di difesa, come ad esempio la mimetizzazione, e possono avere, a seconda delle circostanze, anche altre funzioni.

Lo **scorpione "Mastigoproctus giganteus"** non possiede, come altri scorpioni, un pungiglione velenoso. Ma lancia un getto di veleno fino a 40 cm di distanza. Se il suo nemico ha la pelle troppo spessa per essere paralizzato, si ricopre di veleno per rendersi immangiabile!

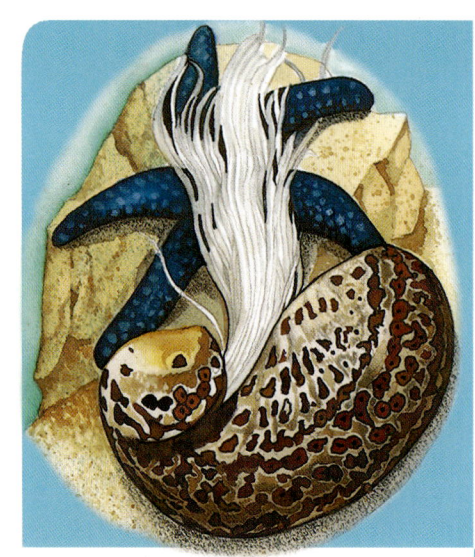

Nelle maglie della rete
Spostandosi lentamente sui fondali marini, i **cetrioli di mare** sono molto esposti agli attacchi dei predatori. Dispongono tuttavia di mezzi difensivi impressionanti.
Alcuni di questi animali sono semplicemente **tossici**.
Altri secernono dall'ano dei **filamenti viscosi**, che lanciano come una rete sul loro aggressore, in questo caso una stella marina.

Dietro uno schermo di inchiostro
La **piovra** e la sua cugina **seppia** sono capaci di cambiare colore per confondersi col paesaggio marino. Se questo trucco non basta ad ingannare i predatori, questi cefalopodi ricorrono a un'altra difesa: **proiettano inchiostro nero**, contenuto in una tasca interna. Momentaneamente nascosti da questo **schermo**, ne approfittano per fuggire.

Respinto dall'odore
Moffetta, **puzzola**, **tasso** o **visone** sono muniti, come tutti i mustelidi, di ghiandole anali che secernono un **liquido puzzolente** di cui si servono per marcare il loro territorio. Questo liquido è anche, all'occasione, un'arma di difesa. Minacciata, la moffetta alza la coda, solleva le zampe posteriori e proietta sul nemico un potente getto fino a 3 m.

Gas puzzolente, fluido viscoso o scarica elettrica

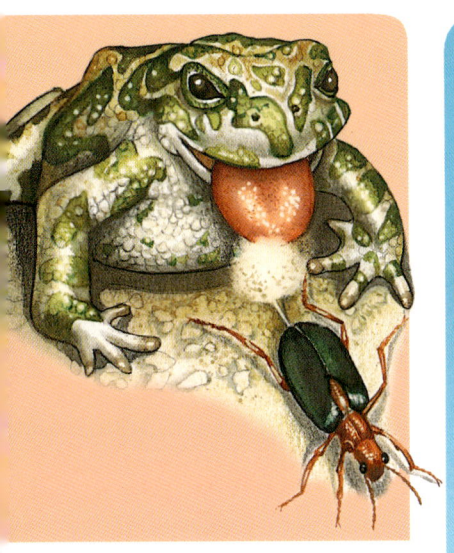

Pesci elettrici

Alcuni pesci possiedono muscoli modificati che emanano elettricità. Essi usano abitualmente questo sistema elettrico a mo' di **sonar**, per orientarsi nelle acque con poca visibilità, fiumi e laghi fangosi o acque costiere.
Emanano **scariche elettriche** anche per immobilizzare le prede. Coloro che hanno le scariche più potenti possono servirsene anche per uccidere.
Questi carnivori hanno anch'essi i loro predatori. L'emissione di elettricità diventa allora un mezzo per evitare la minaccia.

Pesce dei fiumi tropicali, il **gimnoto** ha sui fianchi l'organo elettrico più potente del regno animale. Le sue **scariche di 600 volts** possono uccidere un uomo.

Il **pesce elefante** popola i laghi e i fiumi africani. Le sue scariche sono molto deboli.

Pesce di mare, la **torpedine** modula le sue scariche: per individuare prede e predatori, invia scariche deboli; se vuole ucciderle, le scariche diventano più forti.

Fate retro!

Lo **scarabeo bombardiere** deve il suo nome al "cannone" situato in cima all'addome. Ne espelle, in qualsiasi direzione, un **gas esplosivo** e nauseabondo fabbricato in una cavità speciale. In tal modo tiene lontane formiche, ragni e persino le rane.

Il **rospo cornuto**, qui sotto, preferisce impressionare i suoi nemici facendo colare dagli occhi **lacrime di sangue**.

DIFENDERSI UNIRSI

Come proteggersi dai predatori quando non si hanno né armi di difesa né sistemi di mimetizzazione? La domanda è ancor più cruciale se si vive in pieno mare, in una immensa prateria, o allorché ci si sposta nel cielo infinito. La risposta si trova nel numero. Le mandrie di mammiferi erbivori delle savane africane, le colonie di uccelli e i banchi di pesci costituiscono in apparenza un cibo facile per i predatori, perché sono avvistabili da lontano. Ma ciascun membro del gruppo trova nella massa una protezione maggiore che non rimanendo isolato.

Banchi di pesci
Una specie di pesci su sei vive in gruppo. I banchi più grossi raggiungono **parecchie decine di metri di lunghezza**. Queste enormi masse dissuadono i piccoli predatori. I più grossi possono certamente avventarsi nel mucchio, ma ogni pesce del banco ha molte più possibilità di sopravvivere che non se fosse da solo. Beneficia infatti di una **vigilanza collettiva**: nel gruppo, ci sono più occhi e sensi in allerta. Quando si avvicina una minaccia, il banco si serra in una massa compatta che offre poca presa o, al contrario, si disperde. In questo caso, il predatore non sa più quale vittima rincorrere. Se i pesci sono rigati o chiazzati, le possibilità di sfuggire sono ancora più grandi. Attraverso l'acqua, le bande colorate si confondono e si accavallano. Diventa ancora più difficile per il predatore distinguere un pesce dall'altro. Così disorientato, effettua una caccia meno efficace.

Colonie di uccelli
Molti uccelli adottano la vita in gruppo al momento della riproduzione, per proteggere meglio i loro nidi. Altri, come gli storni, formano **colonie permanenti**. Un "dormitorio" di **storni** può contare fino a **2 milioni di uccelli**: ognuno, approfittando

Per questi pesci dei coralli, che si spostano solo in gruppo, le strisce sono un'arma in più a disposizione contro i predatori.

Uno per tutti e tutti per uno!

Uno stormo di storni in volo

Branchi di erbivori

Nella savana africana, i grandi erbivori – zebre, antilopi, gnu, giraffe...– vivono sotto la minaccia permanente di carnivori velocissimi. Si raggruppano dunque in branchi: mentre la maggioranza bruca, alcuni assicurano la **sorveglianza**. Pascolando fianco a fianco, le diverse specie approfittano anche della **vigilanza dei vicini**. Quando vien dato l'allarme, la fuga di centinaia o migliaia di animali solleva enormi nuvole di polvere che acceca il predatore. L'inconveniente è che i più deboli rischiano di farsi calpestare!

ella sorveglianza collettiva, può ascorrere più tempo a dormire a nutrirsi che non se vivesse a solo.
sistono anche rotezioni collettive in volo.

Capita che uno **stormo di storni**, reso audace dal vantaggio del numero, si lanci su un gufo che ha osato avvicinarsi, malmenandolo finché non se ne vada.

Il leone, per attaccare, sceglie spesso il momento in cui le zebre e le gazzelle vanno a dissetarsi. Per questo motivo, questi animali si abbeverano in gruppo, mentre alcuni assicurano la sorveglianza dei dintorni. Isolati, sono molto più vulnerabili.

DIFENDERSI
INGANNARE IL NEMICO

Questi animaletti che sono gli insetti sono molto vulnerabili di fronte agli uccelli e ad altri predatori. Per difendersi, gli insetti ricorrono spesso a trucchi visivi. Si confondono nel paesaggio, grazie al loro colore o alla loro forma, o si fanno passare per qualcun altro. Camuffarsi o mimetizzarsi ha lo scopo di ingannare i sensi del predatore per evitare di essere mangiati. Altri insetti ostentano, invece, colori di avvertimento che allontano i predatori...

I **bruchi** di parecchie specie di farfalle si difendono dai predatori **cambiando la forma**. Rizzano e allargano il davanti del loro corpo fino a prendere le parvenze di una testa di serpente pronto all'attacco.

Quando gli uccelli si avvicinano alla **sfinge**, questa **farfalla** allarga le sue ali ornate di due enormi **falsi occhi**. I suoi predatori, sorpresi, sono presi dal panico. La sfinge può così fuggire.

Il **bruco** della sfinge dell'euforbia non si nasconde, fa sapere attraverso **colori eclatanti** di avere un **cattivissimo sapore**.

Il **bruco** della farfalla dalla **grande coda forcuta** presenta ai nemici una spaventosa maschera con falsi occhi, falso naso e falsa bocca.

I colori di avvertimento degli insetti sono, in genere, il giallo, l'arancione, il rosso e il nero.

Gli insetti, maestri nell'arte del travestimento

Questa **cavalletta** passa inosservata nel suo sfondo usuale. **Colore** e **forma** richiamano quelle di una foglia.

vespa

sesia apiformis   eumerus

L'**insetto del bastone**, dal corpo segmentato, può facilmente confondersi con un ramoscello.

L'*eumerus* è una **mosca travestita da vespa**, ma sprovvista di pungiglione velenoso. Inganna così i suoi predatori, che preferiscono non verificare con chi hanno a che fare.

Alcune **mantidi** tropicali assomigliano talmente alle orchidee sulle quali si posano da trarre in inganno chiunque.

La **sesia** apiformis imita un insetto che i predatori evitano: il calabrone. Questa farfalla ha le medesime ali trasparenti.

È facile udire la **cicala**, ma vederla... Essa si **confonde** perfettamente col tronco dei mandorli.

DIFENDERSI
INGANNARE IL NEMICO

In tutto il regno animale, il camuffamento e la mimetizzazione fanno parte delle strategie per difendersi. La colorazione e i motivi disegnati su pelle e piume sono il mezzo più semplice offerto dalla natura per sfuggire ai predatori. Restare immobili può costituire una possibilità di sopravvivenza.
Ma nell'eterna sfida tra prede e predatori, queste astuzie sono condivise dagli uni e dagli altri: le strisce della tigre, capace di appostarsi a lungo, la nascondono alle sue vittime.

Come altri animali che abitano nel grande Nord e sulle montagne, l'**ermellino** cambia colore a seconda della stagione. La sua **pelliccia bruno-rossiccia d'estate** diventa **completamente bianca in inverno**, e ciò gli consente di spostarsi sulla neve con molta discrezione. Questa mimetizzazione ha però un punto debole: l'estremità della coda rimane sempre nera.

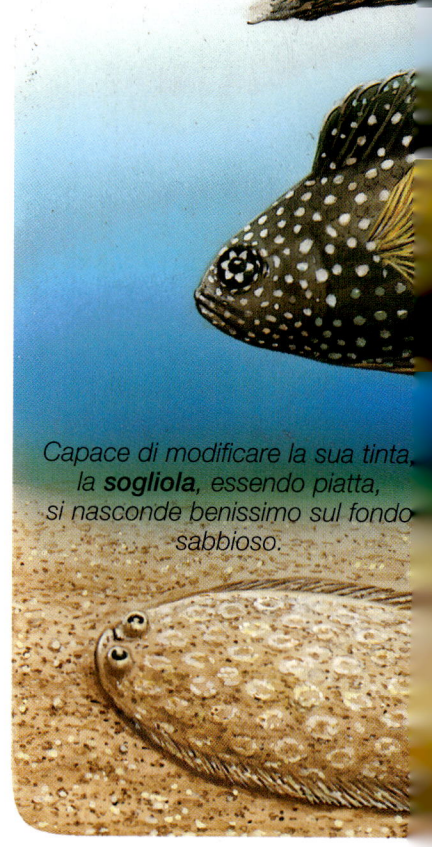

Né vista, né riconosciuta, questa piccola **lucertola** passa completamente inosservata su questo pezzo di corteccia di cui ha preso aspetto e colore.

A sinistra, un **serpente corallo** dal temibile veleno; a destra, un'inoffensiva **biscia**. I predatori se ne stanno alla larga comunque.

Capace di modificare la sua tinta, la **sogliola**, essendo piatta, si nasconde benissimo sul fondo sabbioso.

Per vivere felici, viviamo nascosti

Quando il **camaleonte** percepisce una minaccia, il suo corpo reagisce cambiando colore. Ci vogliono tre minuti per passare dal verde al grigio e **fondersi col paesaggio**.

Il **grande podargus**, un uccello australiano, ha il **colore dei rami**. Se viene minacciato, perfeziona il suo travestimento irrigidendosi, testa in alto e becco chiuso, per sembrare un ramo secco.

Nell'oceano ritroviamo tutta la gamma delle astuzie adottate dagli animali terrestri per ingannare i loro predatori. Il **betta** sfoggia sul suo corpo un **falso occhio**, nascondendo in tal modo quelli veri nelle macchie di cui è ricoperto. Credendo di attaccarlo sulla testa, i predatori si scagliano sul falso occhio… che intanto si allontana con lui.

La **piovra**, la **seppia** e numerosi crostacei **cambiano colore** per adattarsi al fondale.

Colori di ammonimento

Come tra gli insetti, i **colori vivaci** segnalano al predatore che è meglio passare oltre. La gamma dei colori è tuttavia più ampia.

Sprovviste di conchiglia, le **lumache marine**, che sono molluschi, si proteggono dietro ai loro vivaci colori.

Le rane freccia, come questa **rana fragola**, sono le più colorate e le più tossiche! Il rosso del pesce rospo, qui sotto, è un segnale chiarissimo inviato ai suoi predatori.

DIFENDERSI
LA FUGA

Quando ogni altra strategia di difesa è fallita e il predatore ha stanato la sua preda, rimane ancora ad essa un modo di sfuggire alla morte: sottrarsi all'attacco del nemico. Nell'istante stesso in cui la minaccia si fa più vicina, gli animali danno prova di tutto un insieme di inganni e astuzie per seminare o sviare l'avversario… e salvarsi la pelle!

Una volta scovata, la **lepre** si produce in un balzo e si lancia in una folla corsa a zigzag. Aggiunge alla sua rapidità – può toccare i 70 km/h! – l'arte di confondere le tracce scagliandosi nelle macchie di bosco, attraversando i corsi d'acqua o mischiandosi con le mandrie di mucche per nascondere il proprio odore.

L'automutilazione

Un **ragno** (1) che perde le sue zampe ne recupera di **nuove** assolutamente identiche nel giro di qualche settimana. Questo potere di **rigenerazione** può essere messo a profitto per difendersi dai predatori. Quando viene attaccata, la **lucertola** agita la coda, talvolta di colore vivace, per sviare l'attenzione del predatore, che crede di attaccarne la testa. Quando l'assalitore le morde la coda, questa si stacca da sola e continua a muoversi per qualche minuto. E la lucertola (2) ne approfitta per fuggire. Una **coda completamente nuova** si riformerà presto e potrà perderla di nuovo.
I **granchi** (3) e altri crostacei abbandonano volentieri le **chele** o le zampe ai predatori, ma le loro membra rispuntano solamente quando essi sono ancora in piena crescita. Le **stelle marine** (4) hanno la medesima facoltà di automutilarsi, **sacrificando le loro punte che ricrescono** senza problemi, sebbene la ricrescita sia talora imperfetta: non sono sempre della stessa dimensione.

I trucchi per salvarsi la pelle

Finti morti

Per sviare l'attenzione di un predatore dai loro piccoli, **numerosi uccelli** si lasciano cadere a terra facendo credere di essere feriti. Il predatore punta su di esso ritenendolo una preda facile… e l'astuto uccello vola via il più lontano possibile dal nido. Altri animali fanno finta di essere morti e tale difesa è spesso vincente: ad eccezione dei mangiatori di carogne (iene, avvoltoi), ai carnivori non piacciono i cadaveri.

Presto, una buca!

L'**echidna** australiana non si arrotola come il riccio. Per proteggere il suo fragile ventre, **scava in pochi secondi** una buca nel terreno, dove sparisce quasi completamente. Rimangono fuori solo i suoi temibili aculei.

La **biscia europea** (1) si gira sul dorso, a testa rovesciata e mascelle spalancate, per fingersi morta. Ma se la si rigira, si tradisce riprendendo la consueta posizione.

L'**opossum della Virginia** (2), un marsupiale americano, è più furbo: coricato sul fianco, può rimanere senza muoversi per sei ore. Lo si può pungere o mordere, ma l'animale è immobile, come se fosse paralizzato dalla paura.

Il **curculione africano** (3), un insetto che vola raramente, può fingere di essere morto per parecchi minuti. Si rigira sul dorso e rimane completamente immobile.

RIPRODURSI
ATTRARRE UN COMPAGNO

Tra gli animali, l'incontro tra un maschio e una femmina non ha nulla a che vedere coi sentimenti amorosi che uniscono due esseri umani. Esso è guidato dalla necessità di riprodursi e ha di solito luogo una sola volta all'anno. Ma per trovare un compagno, anche gli animali devono inscenare vere e proprie esibizioni di seduzione...

Il **pavone**, il **tacchino**, il **tetraone** o il **gallo**, appartenenti alla famiglia dei gallinacei, fanno la **ruota** per conquistare le femmine. Queste sceglieranno coloro che hanno il piumaggio migliore. Il resto dell'anno, questi uccelli nascondono le loro belle piume con la coda per non attirare l'attenzione dei predatori.

La **lucertola con la gorgiera**, in Australia e Nuova Guinea, possiede attorno al collo un ripiegamento di pelle, di colore arancione, che può aprire come un ombrello. Apre la gorgiera per intimidire i suoi predatori ma anche, nel tempo della riproduzione, per attirare le femmine.

Tra gli **scazzoni**, pesci del Pacifico settentrionale, è la femmina a prendere l'iniziativa. Insegue il maschio fino ad una cavità e ne blocca l'ingresso dietro a lui. Lo libera solo quando esso ha fecondato le sue uova.

Il **koala** maschio si mette a **ruggire** come una tigre quando giunge il momento di accoppiarsi. Ma capita che le femmine tardino a rispondere ai suoi richiami e a raggiungerlo. Il maschio si addormenta sul suo eucalipto, perdendo così l'occasione! Altri maschi la sapranno sfruttare.

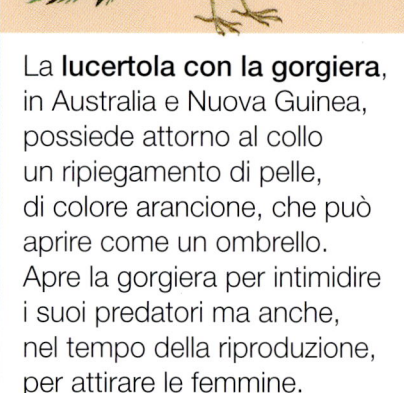

Il **cervo**, solitario, in autunno si avvicina ai branchi di cerve. Per condurle a sé, emette grida potenti, tra muggiti e ruggiti: si dice che **bramisce**. Deve anche respingere i rivali, a colpi di corna, ogni anno più sviluppate.

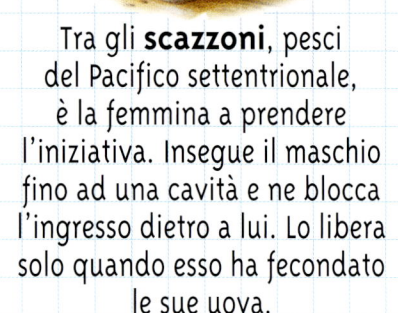

L'arte della seduzione

Il maschio della **fregata** del Pacifico ha un piumaggio completamente nero. Per la sua esibizione amorosa, mostra il suo **petto rosso** che forma una specie di borsa: lo gonfia come un pallone. Una volta attratta la femmina, le esprime il suo desiderio di accoppiarsi allargando le ali.

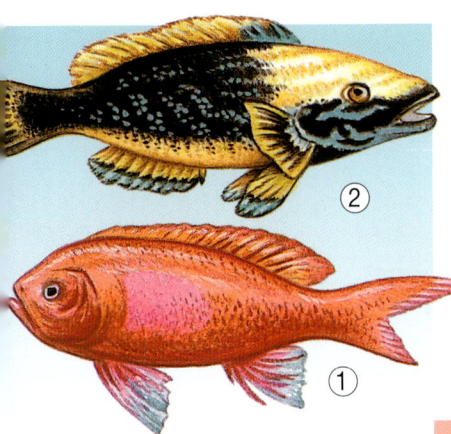

Numerosi pesci maschi, come l'**anthias** (1), portano per tutto l'anno un ornamento di colori molto più vivaci di quello delle femmine.
Altri, come il **labride** (2), sfoggiano colori brillanti solo in primavera, per attrarre l'attenzione delle femmine.

I **bowerbirds** (uccelli del bower) delle isole dell'Oceania preparano una trappola d'amore alle femmine. Costruiscono sul terreno, molto ben ripulito, una specie di **pergolato** (bower) fatto di paglia e ramoscelli – che non è un nido – e lo decorano con fiori, frutti e oggetti colorati.

Alcuni uccelli, che non hanno il dono del canto, si fanno capire in modo diverso: il **picchio** batte ripetutamente, con ardore raddoppiato, contro un tronco d'albero, i **colombacci** sbattono le ali e le **cicogne** schioccano il becco.

Regali di nozze

Il maschio della **sterna artica** attira la sua compagna mantenendo i legami coniugali portandole piccoli pesci. La **cincia maschio** offre bruchi, il **cormorano capelluto** alghe, il **falco** topi campagnoli.

Il **moscerino** maschio del genere Empis offre alla femmina una **preda avvolta in un bozzolo**: la femmina la tiene con cura tra le zampe durante l'accoppiamento, senza mangiarla. Il **pulcinella di mare** porta alla femmina dei ramoscelli per ricoprire il nido, che essa si costruisce da sola.

RIPRODURSI
DANZE NUZIALI

Nei rituali che precedono la riproduzione, è più spesso il maschio a dover sedurre le femmine. Tra alcuni pesci e uccelli, l'avvicinamento del maschio e della femmina si attua attraverso una danza a due. Questa danza nuziale ha luogo anche tra uccelli che formano coppie durature. Maschio e femmina esprimono in tal modo il loro vicendevole desiderio di accoppiarsi.

Balletto aereo

Come numerosi rapaci, le **aquile pescatrici** si librano, prima di accoppiarsi, in una straordinaria danza aerea. Il maschio e la femmina volano ora descrivendo insieme il medesimo cerchio, ora l'uno al di sopra dell'altra. Talvolta, si afferrano con gli artigli e, come i trapezisti, si fanno passare l'uno sotto l'altra, con bellissime evoluzioni acrobatiche! Capita anche che questo genere di balletto coinvolga due maschi che si contendono un territorio.

In primavera, si possono vedere danzare **vipere** coi corpi avvolti, dritte l'uno contro l'altra. Si tratta, in effetti, di due maschi che lottano per conquistare il diritto di accoppiarsi con la femmina contesa. Perde quella che cade.

Nel corso del loro ballo, gli svassi assumono una posa graziosa sulla superficie dell'acqua, prima di immergervisi.

Danzare prima di riprodursi

Balletto sottomarino

L'accoppiamento degli **squali** è ugualmente preceduto da una danza molto graziosa. Maschio e femmina girano uno attorno all'altro. Poi il maschio morde il dorso e le pinne pettorali della femmina, facendole capire che vuole accoppiarsi. La femmina smette allora di nuotare; il maschio si pone contro di essa per introdurle nel corpo uno dei suoi due organi riproduttori. Mentre si accoppiano, i due squali continuano a volteggiare verso il fondo.

Balletto in superficie

La danza nuziale degli **svassi** è molto elaborata. Dopo le prime mosse di avvicinamento e i cenni della testa, maschio e femmina si sollevano e corrono fianco a fianco sull'acqua, poi ognuno si tuffa a turno per offrire all'altra delle piante acquatiche. Se la coppia è già affiatata, la danza riafferma l'unione e solo al maschio tocca offrire… del pesce.

La danza dello spinarello

Quando arriva il momento della riproduzione, lo spinarello maschio, un pesce d'acqua dolce che vive abitualmente in banco, si isola e delimita un suo territorio. Poi costruisce un **nido** sul fondo. Una volta preparatolo, si adorna di **bei colori**, il che gli permette di attirare una femmina. È il momento di invitarla al nido.

Con una **danza a zigzag**, il maschio invita la femmina a seguirlo. La femmina dà il suo consenso con un movimento verso l'alto della testa.

La discesa al nido dà luogo ad una **danza a due**. Il maschio incoraggia la femmina sfiorandole regolarmente il ventre. Se la femmina non procede abbastanza in fretta, il maschio le morde talvolta la coda per farla avanzare.

Quando la coppia si avvicina al nido a forma di tunnel, il maschio **si corica sul fianco**, con la testa rivolta verso l'ingresso. La femmina entra così nel nido.

Lo spinarello maschio ha trovato una compagna.

La guida verso il nido con una danza da lui diretta.

Lo spinarello maschio invita la femmina a deporre le uova con un colpetto di muso sulla coda. Una volta deposte le uova, la femmina se ne va, lasciando il maschio a fecondarle e ad occuparvisi.

RIPRODURSI
LE UNIONI

Nel corso della stagione della riproduzione, il maschio può accoppiarsi con una sola femmina: si dice che è monogamo. Se si accoppia con più femmine è poligamo. Monogamo o poligamo, lascia la sua o le sue compagne subito dopo aver compiuto l'atto sessuale. Se rimane, è in genere per il tempo di allevare la figliata o perché fa parte di animali che vivono in gruppo.

Unioni poligame

L'unione di un maschio con parecchie femmine è il caso più frequente. Alcuni maschi, come il **gallo**, seducono una femmina, si accoppiano e poi ne cercano un'altra da sedurre. Altri, come l'**orangutan** o il **rinoceronte**, si accoppiano con tutte quelle che entrano nei loro territori.
Il **cervo** e lo **struzzo** maschio raggruppano un insieme di femmine, l'**harem**, ma se ne separano dopo la riproduzione. L'anno successivo, l'harem sarà composto da altre femmine. Esistono anche harem più duraturi: ad esempio, tra le **zebre di Burchell** e i **cavalli selvaggi** dei branchi formati da un maschio, lo stallone, dalle femmine, le giumente, e dai loro piccoli. Rimangono insieme tutto l'anno e lo stallone difende il suo branco dai maschi rivali.

I **tassi** e gli animali della famiglia del **cammello** vivono allo stato selvaggio formando ugualmente harem duraturi.
Il caso del **leone** è particolare. Unico felino socievole, esso vive in un clan costituito da uno a tre maschi, spesso fratelli, e da cinque a dieci femmine coi lori piccoli.
Non si può parlare di harem poiché, quando sono parecchi, tutti i maschi del clan si accoppiano con le femmine. Si tratta semplicemente di una famiglia un po' più allargata.
I maschi non prestano alcuna attenzione alle femmine al di fuori del periodo della riproduzione.
Lasciano che esse si arrangino ad allevare e nutrire se stesse e i piccoli.

Tra le zebre di Burchell, l'harem è composto da un maschio, da sei femmine e dai lori piccoli.

Tra i **falaropi**, uccelli di fiume, sono le femmine ad essere poligame (si dicono allora poliandrie). Più grosse e colorate, i falaropi femmina si mettono in mostra... e lasciano i maschi a covare le loro uova.

Le coppie a vita sono un'eccezione

quetzal

Unioni monogame

Meno di due animali su dieci, tra quelli che praticano la riproduzione sessuata, sono monogami.
La maggioranza forma coppie che durano il solo **tempo della fecondazione**.
È il caso delle coppie **rospi – rane**, che, quando il maschio ha fecondato le uova della femmina, si lasciano e le abbandonano quasi sempre.
Succede lo stesso tra i rari pesci monogami, ad esempio il **pesce farfalla giallo**.
Le coppie più durature si trovano tra gli animali che proteggono la discendenza e la allevano in coppia. Questo tipo di unione è frequente tra gli uccelli.
Maschio e femmina si danno il cambio per covare le uova e nutrono insieme i piccoli.
Ma anche uccelli "genitori", come **cince**, **civette delle nevi** o i maestosi **quetzal** dell'America centrale, pur essendo genitori esemplari, si separano quando i piccoli abbandonano il nido. Alla prossima stagione di riproduzione, si formerà una nuova coppia.

La stagione degli amori riavvicina leone e leonessa.

I pesci farfalla gialli vivono nelle scogliere coralline.

Quando il suo compagno muore, l'oca selvatica rimane sola fino alla morte.

Per tutta la vita

Pur rarissime, le coppie unite per sempre si incontrano soprattutto tra gli uccelli monogami.
Le coppie di **corvi comuni** e di **picchi verdi** non si lasciano mai. Quelle di **cigni** e **oche selvatiche**, di **gru** o di **pinguini** si separano in compenso all'epoca della migrazione ma si ritrovano ogni anno sui loro luoghi di riproduzione.
I rari mammiferi monogami, il **lupo**, lo **sciacallo** e il **castoro** ad esempio, formano coppie permanenti, così come i **gibboni** e le **scimmie leonine dorate** (leontopitechi), uniche eccezioni tra le **scimmie**.

LA RIPRODUZIONE ASESSUATA

La riproduzione è ciò che permette alla vita di continuare e alle generazioni di susseguirsi. La riproduzione asessuata è il modo più semplice per riprodursi: un solo animale genera nuovi animali, senza richiedere un compagno di sesso opposto.
Il discendente è identico al suo unico genitore: è un clone.
La specie si moltiplica così più rapidamente.

Una pecora e il suo agnello clone

I mammiferi si riproducono in maniera sessuata. Ogni piccolo risulta dall'incontro tra un ovulo (femmina) e uno spermatozoo (maschio): si tratta della fecondazione.
Oggi, tuttavia, gli scienziati fabbricano **cloni** di topolino, di coniglia, di mucca o pecora mettendo in un ovulo una cellula del medesimo animale. Ma i cloni sono meno resistenti.

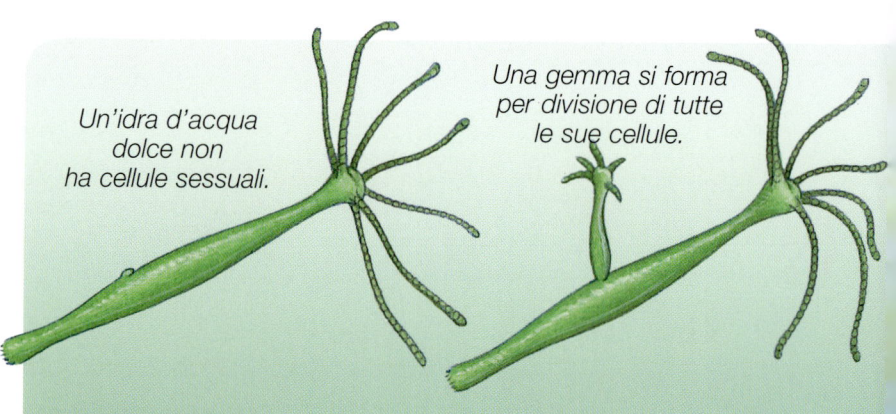

Un'idra d'acqua dolce non ha cellule sessuali.

Una gemma si forma per divisione di tutte le sue cellule.

La gemmazione

La gemmazione è presente soprattutto tra gli invertebrati acquatici come l'**idra di acqua dolce**.
Le cellule che compongono l'animale "madre" si dividono per dar luogo ad una **gemma**. Questa si sviluppa sul corpo della madre e poi si distacca: è un'**idra "figlia"**.

Parecchi animali marini combinano la gemmazione e la riproduzione sessuata.
I **coralli** si riproducono ora per gemmazione, ora in maniera sessuata. Altri, come le **meduse**, cominciano la loro vita sotto forma di polipi, delle specie di tubi fissati alle rocce,

La divisione

La divisione ha un tocco di magia. Prendete un animale, tagliatelo in due o più pezzi, e otterrete… due o più animali completi, identici gli uni agli altri.
Questo modo di riprodursi è quello dei **batteri**, esseri viventi tra i più semplici, poiché sono formati da una sola cellula, ma anche degli **anemoni di mare**, di numerosi **vermi lisci** e di alcuni ad **anelli** come il lombrico.
Le **stelle marine** e le **spugne** si riproducono anch'esse per divisione, ma le seconde utilizzano più spesso la riproduzione sessuata.

Riprodursi da soli

La gemma si stacca da sua "madre": è nata una nuova idra.

...he si riproducono
...er gemmazione.
...istaccandosi, le gemme
...rendono la forma di meduse
...he nuotano liberamente.
...ueste meduse,
...aschi o femmine,
...i riproducono in maniera
...essuata: le larve a cui
...anno vita si fissano
...l terreno e il ciclo ricomincia.

...anemone di mare è un
...nimale solitario che vive fissato
...ulle rocce.
...er riprodursi, **si divide in due
...arti uguali**. Questi due pezzi
...ormano due anemoni completi
...he potranno a loro volta
...ividersi.

Riproduzione di un anemone di mare

La partenogenesi

Questo termine complicato designa, per un animale femmina, il fatto di deporre uova **non fecondate** da un maschio. Il nuovo animale si sviluppa a partire da una cellula sessuale: l'ovulo. I piccoli diventano poi grandi in modo assolutamente normale.

dafnia

È l'unico modo di riprodursi di alcune specie di **dafnie**, minuscoli **crostacei** di pozze e stagni: esistono solo femmine. Altre specie di dafnie annoverano maschi e femmine. Queste depongono uova fecondate, più resistenti, quando le pozze si prosciugano. Nei periodi umidi, si moltiplicano più rapidamente per partenogenesi.

Tra le **api** e le **vespe**, la regina depone uova fecondate, da cui nascono le operaie o "principesse reali". Più raramente, depone uova non fecondate: ne fuoriescono maschi, i **fuchi**, coi quali si accoppierà la futura regina.

xifoforo

La partenogenesi è rara tra i vertebrati. Esiste tuttavia tra alcuni **pesci**, ad esempio lo **xifoforo nero**, e presso una **lucertola** dell'America settentrionale. Queste due specie annoverano solo femmine.

Questa lucertola si riproduce per partenogenesi.

RIPRODURSI
LA RIPRODUZIONE SESSUATA

Numerosi animali praticano la riproduzione sessuata: i loro piccoli nascono dall'incontro tra un ovulo femmina e uno spermatozoo maschio. Quando uno spermatozoo penetra nell'ovulo e si fonde con esso, si chiama fecondazione. Questa può aver luogo all'esterno o all'interno del corpo della madre. In ogni caso, il nuovo animale ha due genitori e questo "incrocio" favorisce la diversità.

Le **mantidi religiose**, come numerosi altri insetti, si accoppiano tra compagni di sesso diverso per generare dei piccoli. Dopo aver introdotto il suo sperma (il liquido che contiene gli spermatozoi) nel corpo della femmina, il maschio spesso scappa via. In caso contrario, potrebbe essere divorato!

La fecondazione esterna
Tra i pesci e gli anfibi, che si riproducono nell'acqua, la **fecondazione** ha luogo **fuori dal corpo della femmina**. Gli **spermatozoi** e gli **ovuli** vengono liberati in acqua.

Per non lasciare niente al caso, la rana maschio si pone sulla femmina e ricopre di sperma gli ovuli espulsi dalla femmina. Si tratta di un falso accoppiamento. Le **uova** fecondate non hanno **guscio**. Vanno alla deriva, si fissano alle piante o si affossano nella sabbia, ma si sviluppano da sole. Molte non si schiuderanno mai.

Gli ovipari

Gli ovovivipari
Numerosi serpenti, alcune razze e alcuni squali sono ovovivipari.

I vivipari
Tra tutti i mammiferi, qualche squalo o la manta sono vivipari. La fecondazione è interna.

Due genitori donano la vita

i uccelli praticano **fecondazione interna**: maschio libera i suoi spermatozoi el **corpo della femmina**. uesta depone subito gli ovuli condati, le **uova**. Si dice che i uccelli sono ovipari: il pulcino si sviluppa nell'uovo all'esterno del corpo della madre. **Covandolo**, favorisce tuttavia il suo sviluppo. Quando il pulcino è ben formato, rompe il suo **guscio protettivo**.

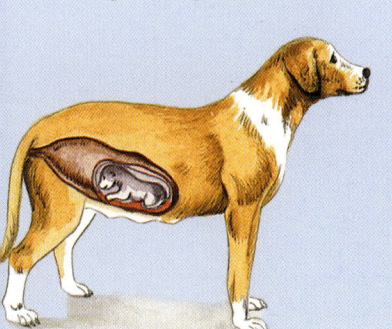

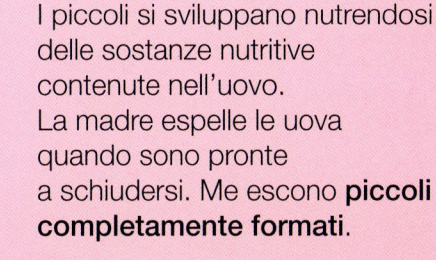

Tra le chiocciole

Le chiocciole sono **ermafrodite**: ciascuna può produrre ovuli e spermatozoi. Ma non fanno i loro piccoli da sole! Devono accoppiarsi perché la fecondazione abbia luogo.

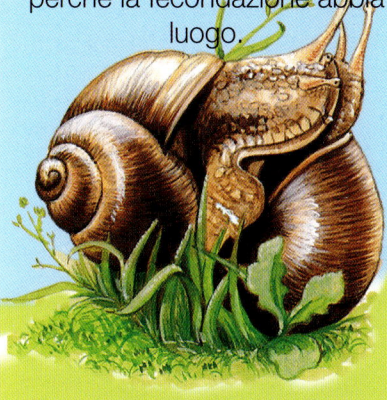

Le uova fecondate vengono deposte: le chiocciole sono ovipare.

opo l'accoppiamento e la condazione interna degli ovuli, **uova rimangono all'interno el corpo della femmina**. ono spesso meno numerosi, erché meglio protetti. lvolta, ce n'è solo uno.

I piccoli si sviluppano nutrendosi delle sostanze nutritive contenute nell'uovo. La madre espelle le uova quando sono pronte a schiudersi. Me escono **piccoli completamente formati**.

I marsupiali

I **canguri** sono mammiferi: i piccoli cominciano a svilupparsi nell'utero materno.
Ma ne escono allo stato di larve, appena formati, e proseguono la loro crescita nella **tasca ventrale** della madre.

seguito, l'ovulo o gli **ovuli condati si sviluppano nel orpo della madre**. I piccoli vi ventano grandi grazie al cibo e all'ossigeno che la madre trasmette loro attraverso il suo sistema sanguigno.
Dopo averli messi al mondo, le mamme **allattano** i piccoli.

RIPRODURSI
GESTAZIONE E NASCITA

Tra gli animali vivipari, che danno origine a piccoli già formati, il periodo che passa tra la fecondazione e la nascita si chiama gestazione. È il tempo che impiega l'ovulo fecondato per svilupparsi in un giovane animale pronto a venire al mondo.
Quando la gestazione è lunga, il neonato è meglio formato; assomiglia maggiormente ai suoi genitori e può spostarsi da solo molto presto.

Gli **orsi** si accoppiano in primavera, ma gli ovuli fecondati non si sviluppano subito, altrimenti gli orsacchiotti nascerebbero in autunno e dovrebbero affrontare l'inverno. La gestazione viene dunque prolungata e ha luogo in inverno, nel calore della tana materna. Tre mesi più tardi nascono da 1 a 3 minuscoli orsetti, che pesano appena 500 g ciascuno! L'orsa li allatta almeno due anni.

Nascite acrobatiche
Alcuni squali sono vivipari, come la maggioranza dei mammiferi: la gestazione si svolge nell'**utero** materno. Tra i mammiferi, la parete di questo "nido" interno è molto muscolosa: è la contrazione dei muscoli che consente l'uscita del piccolo. Non è il caso dello **squalo**. Per partorire, la madre deve lanciarsi molto in alto, al di fuori dell'acqua. Quando ricade, l'urto del suo ventre contro l'acqua espelle il piccolo, che si mette subito a nuotare!

Dopo **quindici mesi** di gestazione, la **giraffa** partorisce… in piedi. Il piccolo scopre la vita cadendo da due metri di altezza! Ma non si fa male: come tra ogni giovane mammifero, le sue ossa non si sono ancora del tutto solidificate. Questa elasticità gli consente di ammortizzare la caduta.

Tra i **delfini**, la gestazione dura da **dodici a quindici mesi** e la nascita, evidentemente, avviene in acqua. Del piccolo, che misura almeno 1 m di lunghezza, esce per **prima la coda**. Quando si è completamente liberato, la madre rompe il **cordone ombelicale** che lo tiene legato ad essa. Lo conduce subito in superficie per farlo respirare. Le altre femmine sono sempre pronte ad aiutarla. Come ogni mammifero, la madre allatta il piccolo, che rimane al suo fianco per un anno.

È la coda del piccolo delfino ad uscire per prima.

Da 8 giorni a quasi 2 anni

Il caso dell'ornitorinco è un po' particolare: la femmina depone da 1 a 3 uova in un nido di foglie, sul fondo di una tana. I piccoli escono dal guscio allo stato di larve all'incirca una settimana dopo. Lasciano la tana, completamente formati, qualche mese più tardi.

Gestazioni più o meno lunghe

La durata della gestazione è molto varia tra i mammiferi. In termini generali, più il numero dei neonati è grande e più la gestazione è corta, come nel caso di alcuni marsupiali o roditori. Ma i piccoli nascono ciechi, sordi e pelati. La gestazione è molto più lunga quando il piccolo è imponente e unico: quella dell'elefante dura da ventuno a ventitre mesi. Il piccolo nasce così meglio sviluppato.

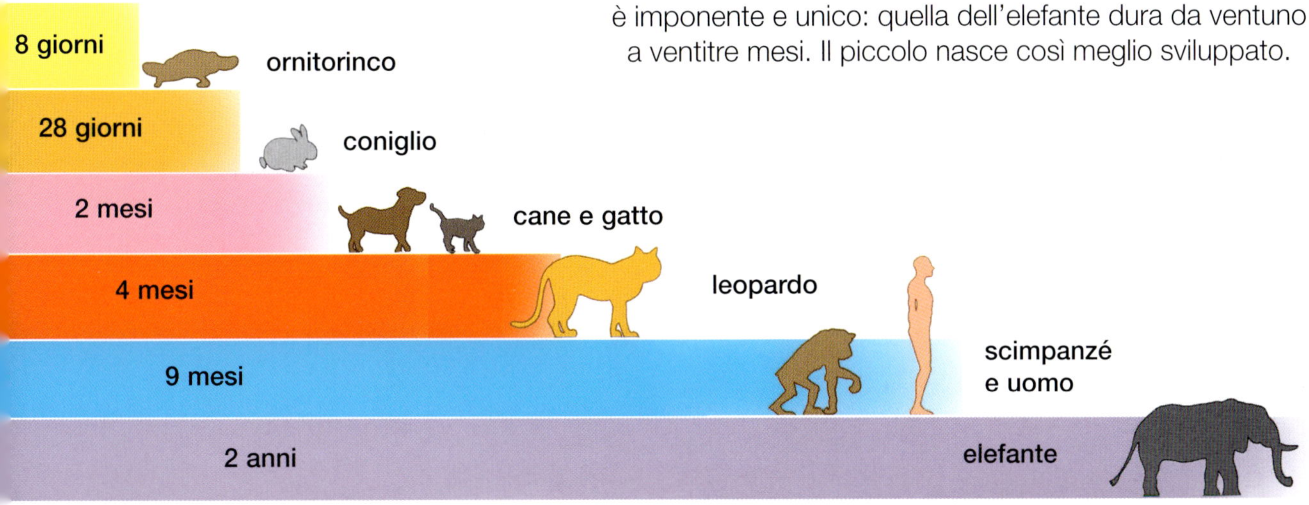

- 8 giorni — ornitorinco
- 28 giorni — coniglio
- 2 mesi — cane e gatto
- 4 mesi — leopardo
- 9 mesi — scimpanzé e uomo
- 2 anni — elefante

Gli ibridi

I genitori di un animale ibrido appartengono a due specie diverse.

asino — giumenta — tigre — leonessa

mulo — tigone

Il **mulo** è il primo animale creato dall'uomo, circa 3 500 anni fa. Nato da un **asino** e una **giumenta**, che appartengono a due specie diverse, questo ibrido non può riprodursi.

Benché apparentemente vicini, l'**elefante asiatico** e quello **africano** non possono dare luogo a riproduzione. Vale lo stesso per la capra e il montone, o per il gorilla e lo scimpanzé.

Il piccolo nato da una **tigre** e da una **leonessa** si chiama **tigone**. È anch'essa una creazione dell'uomo. In natura, gli ibridi sono rari tra i mammiferi.

LA RIPRODUZIONE IN CIFRE
RIPRODURSI

I pesci e gli insetti depongono uova a migliaia, spesso più volte l'anno, ma, siccome non sono protetti, pochi tra essi danno effettivamente luogo alla nascita dei piccoli. Tra gli animali vivipari, i piccoli che devono nascere, protetti nel corpo della madre, hanno più possibilità di vedere la luce. Questi animali si riproducono dunque in quantità minore, e meno spesso. Tra essi, i più piccoli, che vivono meno a lungo, si riproducono più per assicurare la sopravvivenza della specie. Vale la stessa cosa per gli uccelli, che depongono un numero ridotto di uova, protetti da un guscio duro e spesso al riparo in un nido.

Il **tenrec** – che non sorpassa i 40 cm – è il mammifero che ha il più alto numero di piccoli per figliata: 13 o 14 in media, dopo 50 o 60 giorni di gestazione. Il record è stato registrato in uno zoo olandese: sono nati 31 piccoli, 30 dei quali hanno raggiunto l'età adulta.

Numero dei piccoli tra i mammiferi

1
L'**elefantessa**, che mette al mondo un piccolo di circa 1,5 m e di quasi 100 kg, e la **balena azzurra**, il cui balenotto arriva ad 8 m, raramente hanno più di un figlio per parto. Lo stesso si dica per la **cerva**, la **giraffa**, la **giumenta** o la femmina del **rinoceronte**. Le gestazioni durano almeno 8 mesi e le madri allattano i loro piccoli fino a 2 o 3 anni. Anche questo limita il numero di nascite!

5 - 15
I roditori vicini al **topo**, come il **criceto dorato** o il **campagnolo**, e gli insettivori, ad esempio il **toporagno**, sono annoverati tra i mammiferi più fecondi. La gestazione non supera i 20 giorni. Nel corso della loro vita, i parti possono essere numerosi.

3 - 13
Tra i canidi, la **lupa** può partorire fino a 13 piccoli, la **cagna** o la **volpe** fino a 10. La **coniglia** può avere 6 parti da 3 a 12 piccoli l'anno.

1 - 3
I **primati** raramente mettono al mondo più di un piccolo alla volta, dopo 7-9 mesi di gestazione, ad eccezione degli **uistitì** e dei **tamarini**, che ne hanno spesso 2 o 3.

Assicurare la sopravvivenza della specie

Qualche record di deposizione

1,7 kg
L'uccello più grosso, lo **struzzo**, depone anche le **uova** più pesanti: possono pesare fino a 1,7 kg ciascuna, cioè il peso di due dozzine di uova di gallina! Quelli del **colibrì** pesano solo 0,25 g: si schiudono 3 volte più in fretta di quelle dello struzzo.

20
La **cincia** può deporre fino a 20 uova per covata, come il **fagiano**. Anche gli uccelli della loro specie depongono molte uova, mentre alcuni uccelli marini e rapaci ne depongono uno solo.

Record di deposizione
Se i pesci depongono tante uova ogni stagione è perché, lasciate alla deriva, esse sono per la maggior parte mangiate, si perdono in acque troppo fredde o troppo calde, si seccano su una spiaggia. Anche gli insetti ne depongono molte. Una colonia se ne occupa: la durata di vita di un insetto è breve.

300 milioni
Il **pesce luna** è l'animale più fecondo: la femmina depone fino a 300 milioni di uova per volta. Le larve che si schiudono raggiungono i 3 mm. Passano attraverso quattro tappe prima di raggiungere una taglia adulta, fino a 2 m di lunghezza!

15 milioni/anno
La **termite regina** depone in media **un uovo ogni 3 secondi**, cioè 15 milioni l'anno. Sapendo che può vivere 15 anni, nel corso della sua esistenza avrà deposto 225 milioni di uova. Si capisce perché questi insetti divoratori di legno divengano presto un flagello!

28 milioni
La **molva** depone fino a 28 milioni di uova per volta. Altri pesci della stessa famiglia, come il **merluzzo**, depongono regolarmente da 4 a 6 milioni di uova ogni anno. Solo un milione si schiudono.

1 000/giorno
L'**ape regina** depone molte meno uova della termite regina: solamente poco più di 1 000 uova al giorno, e vive solo 3 o 4 anni. Ma altre api sono pronte ad assicurare il cambio!

RIPRODURSI
I NIDI

Il guscio dell'uovo protegge l'embrione dai batteri pericolosi per il suo sviluppo. Esso contiene tutte le sostanze nutritive necessarie alla sua crescita. Ma si tratta di una protezione molto debole nei confronti dei predatori. Anche la maggioranza degli uccelli hanno cura di proteggere i loro piccoli costruendo nidi situati al riparo dei nemici. Tra gli invertebrati, i genitori con queste attenzioni sono più rari.

Svasso femmina che sta deponendo l'uovo

Non solo il migliore nascondiglio: il nido serve anche da incubatrice. Comodamente situato, l'uovo viene mantenuto alla giusta temperatura sotto il corpo della madre o del padre fino al suo schiudersi. Tra gli **svassi a collo nero**, il maschio e la femmina si mettono insieme venti giorni per covare le loro uova in un nido galleggiante, fatto di piante acquatiche.

Nidi d'artista

Per proteggere le loro uova e far colpo sulle femmine, alcuni uccelli costruiscono dei capolavori. Cugino africano del passero, l'uccello **tessitore** (1) intreccia delle lunghe **fibre di palma** servendosi delle zampe e del becco. L'uccello **fornaio** (3), chiamato anche uccello vasaio, incolla con la saliva fino a **2 000 palline di terra** per plasmare il suo nido anch'esso a forma di palla.

Nidi – fortezza

Il **fenicottero rosa** (4), come il tessitore, nidifica in colonie composte da centinaia di individui. È una protezione supplementare contro i predatori. Ma il fenicottero diffida dei suoi simili: ogni nido, **a cono di vaso**, è circondato da un piccolo fosso e distanziato di 1,5 m dagli altri, il che lo pone al riparo dal becco dei simili. La **femmina del bucero dalla testa rossa** (2), dal canto suo, arriva fin quasi a **murarsi**. Con l'aiuto del maschio, ostruisce l'ingresso del nido, sistemato in un tronco d'albero, con **residui vegetali** e **fango**. Rimane solo un'apertura grande quanto il becco, attraverso la quale il maschio verrà ogni giorno a nutrire la femmina fino allo schiudersi delle uova.

Ognuno fa il nido come vive

A ciascuno il suo nido

Vivendo in Australia, il **pollo "termometro"** (5) sistema il suo nido in una cavità del terreno e poi la ricopre con un grosso mucchio di sabbia e di vegetali. La sua principale preoccupazione è di mantenere le uova a temperatura costante, nel caso fuori faccia troppo caldo o troppo freddo. Ricopre dunque il fondo del nido di **materiale vegetale** che, decomponendosi, sprigionerà calore. I preparativi durano **quattro mesi**!
Più classico, il nido della **cicogna** (6), fatto di **ramaglie**, è a forma di coppa. In città, viene posto su un camino.

Anche gli invertebrati!

La maggior parte degli invertebrati non si occupa delle proprie uova. Ne depongono talmente tanti che, anche se ne va perso un gran numero, la discendenza è comunque assicurata. Esistono tuttavia eccezioni alla regola. Il **ragno "pholcus"** (1) non depone in giro le sue uova, ma le custodisce in un **bozzolo di seta** che tiene tra gli **uncini della sua bocca**.

Gli è impossibile nutrirsi finché i piccoli ragni – una quarantina – non hanno rotto il bozzolo.
I formicai, gli alveari o i termitai sono costruiti prima di tutto per proteggere le uova: sono dei nidi.

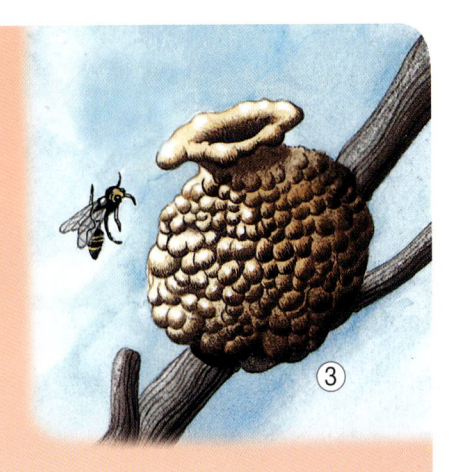

Le **formiche tessitrici** (2) fanno il loro nido con l'aiuto delle loro **larve**. Piegano in due delle grandi foglie e poi pizzicano l'addome delle larve.
Con la seta che esse secernono, le formiche saldano i bordi delle foglie.
Anche gli insetti solitari costruiscono nidi. La **vespa vasaia** (3) lavora nel **fango** un nido arrotondato a forma di **vaso**, di circa 12 mm, che essa riempie di bruchi. Depone poi un **unico uovo**, sospeso all'interno da un filo, e blocca l'ingresso del nido.
La larva che ne uscirà potrà nutrirsi di bruchi in tutta sicurezza.

RIPRODURSI
NIDI INGEGNOSI

Tra i pesci, i rettili e gli anfibi, nessuno lascia le proprie uova incustodite. Alcuni danno anche prova di grande ingegnosità per dare loro riparo, utilizzando ogni risorsa che la natura mette a disposizione. Gli animali che proteggono così le loro uova si mostrano spesso molto solleciti durante i primi giorni di vita dei piccoli.
Tra la maggioranza dei mammiferi, i piccoli appena nati sono molto dipendenti dalla madre. I genitori li nascondono nelle tane o nelle grotte. Se non ce ne sono, costruiscono essi stessi dei nidi.

Il **pesce combattente** confeziona per le sue uova un **nido di bolle**, risputando nell'acqua bolle d'aria raccolta in superficie. Le uova vi fluttuano grazie all'olio da esse contenuto, sempre sotto la sorveglianza del padre.

Nidi di pesci
Lo **spinarello** maschio costruisce un nido a forma di **tunnel** con residui di radici e piante. Rende solido il tutto sfregandolo col proprio corpo ricoperto di **muco**, un liquido viscoso che indurisce rapidamente. Terminato il nido, a turno vi fa deporre uova dalle femmine.

Un nido particolare
Il **tilapia**, un piccolo pesce di acqua dolce di 10 cm, non costruisce il nido: dopo aver fecondato le uova deposte dalla femmina, il maschio se le mette in bocca. Esse si schiudono dopo cinque giorni.
Gli **avannotti** rimangono ancora da 6 a 8 giorni nella bocca del padre, che intanto rimane a digiuno!

Come i marsupiali, la **rana marsupiale** femmina possiede una tasca, situata sul dorso, nella quale si sviluppano le uova fecondate. Quando esse si schiudono, ne escono dei piccoli completamente formati: sono rane, non girini.

Nidi di coccodrillo
I **coccodrilli** sono, col **cobra reale**, gli unici rettili a costruire dei veri nidi. Vengono costruiti dalla femmina, che accumula sul terreno **rami**, **foglie** e persino **fango**. La madre non cova le uova ma le sotterra sotto questo mucchio, **al caldo** e **riparate**. Rimane nei dintorni per sorvegliare il nido e, in caso di bisogno, aiuta i piccoli ad uscire dal guscio.

Il nido del coccodrillo di Morelet può raggiungere i 3 m di altezza.

Gli uccelli non sono gli unici a fare il nido

Nidi di mammiferi

Un nido di schiuma

Alcune **rane** depongono le uova al di fuori dell'acqua. Perché non si dissecchino, la femmina, aiutata dai maschi, le circonda di **muco** da essa secreto e battuto con le zampe. La schiuma così ottenuta indurisce sulla parte esterna; l'interno rimane ben umido.

Parenti prossimi dell'uomo, lo **scimpanzé**, il **gorilla** e l'**orangutan** costruiscono **nidi di foglie e di ramaglie intrecciate**. Collocati sugli alberi, questi nidi li proteggono dai predatori terrestri durante il sonno notturno. Maschi e femmine dormono in nidi separati; i piccoli dividono il nido materno per parecchi anni. Ogni sera viene costruito un nuovo nido.

I nidi degli **scoiattoli grigi** sono più duraturi. Agganciati sulla "forchetta" di un albero, sono anch'essi fatti di **ramoscelli** e **foglie**, rinforzati con corteccia, erba, muschio o qualsiasi tipo di materiale morbido che lo scoiattolo può trovare. Esso dà al suo nido una bella forma a **palla**. Costruisce infatti tre tipi di nido: uno per l'inverno, uno, più leggero, per l'estate e uno per accogliere i piccoli in primavera.

I piccoli del **topolino delle risaie** nascono e crescono in un **nido cosparso di foglie e muschio**, situato, a 50 cm o 1 m da terra, su un alto fusto. Ci vogliono meno di dieci ore per costruire questa palla intrecciata di erbe secche, un record di velocità tra i costruttori di nidi.

RIPRODURSI
IL RUOLO DEI GENITORI

Il senso della famiglia, nella vera accezione del termine, non esiste tra gli animali. Quando i genitori si occupano dei loro piccoli, è sempre per un periodo molto limitato. Lo spirito "materno" più sviluppato si riscontra tra gli animali che hanno un ridotto numero di piccoli (mammiferi e uccelli).
Tra gli invertebrati marini, i pesci e i rettili, i piccoli devono spesso affrontare da soli i pericoli della vita. Alcuni genitori, tuttavia, cercano di proteggere la loro discendenza.

Tranne le specie vivipare che danno origine ad adulti in miniatura, i piccoli pesci nascono allo stato di larve, sprovvisti dei mezzi di difesa dei loro genitori. Ben pochi raggiungono lo stadio adulto, in quanto questi **avannotti** sono facili prede per **squali** e altri predatori.

I pesci genitori

Poiché la maggioranza dei pesci pratica la fecondazione esterna, non si occupano né delle uova né dei piccoli: non sanno nemmeno se sono nati! Molti **ciclidi**, pesci tropicali di acqua dolce che si vedono spesso negli acquari, incubano le uova in bocca. A seconda delle specie, sia il maschio, sia la femmina "covano" in questo modo le uova. Dopo averli così protetti, il padre o la madre continuano a vigilare sugli avannotti. Al minimo pericolo, essi si rifugiano nella sua bocca. Altri pesci di acqua dolce, i **siluri** o i **pesci gatto**, depongono le uova in un nido, che i genitori si distribuiscono in modo regolare. Dopo il loro schiudersi, il maschio riunisce gli avannotti in un banco compatto e li accompagna dovunque fin quando raggiungono i 5 cm di lunghezza.

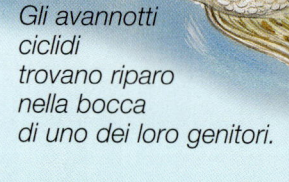

Gli avannotti ciclidi trovano riparo nella bocca di uno dei loro genitori.

Il sacrificio della piovra

La **piovra** si riproduce solo una volta durante la vita, a circa 3 anni e mezzo. Subito dopo l'accoppiamento, sceglie un incavo in una roccia ben riparata.

Fatto eccezionale tra i pesci, il siluro maschio fa la guardia ai suoi piccoli, anche dopo che sono nati.

Istinto di protezione o no

Vi depone circa 80 000 uova, grandi come grani di riso, che essa appende a grappoli alla parete del nido. Per sei mesi, mamma piovra rimane vicina alle uova, senza mangiare, pulendole regolarmente coi suoi tentacoli per togliere i detriti che potrebbero guastarle. Quando alla fine si schiudono, la piovra muore, dopo aver perso la metà del suo peso. Le piccole piovre, che misurano solo 7 mm, devono sbrogliarsela da sole.

L'eccezione delle mamme coccodrillo

I rettili, in genere, abbandonano le loro uova. La **tartaruga bruna birmana** ha appena qualche attenzione in più: rimane alcuni giorni nel nido prima di andarsene. La femmina del **cobra reale** veglia sulle uova fino allo schiudersi e lascia i piccoli appena nati.
Mamma **coccodrillo**, invece, trasporta i neonati fino in acqua. Il viaggio avviene senza un graffio, nelle fauci dai denti appuntiti, talvolta sul dorso. Ciò avviene molte volte, poiché una femmina può avere una ventina di piccoli.

Sfuggiti a terra ai mammiferi e ad altri "appassionati" di uova, i piccoli coccodrilli sono tuttavia ancora minacciati, in acqua, dai grossi pesci carnivori, uccelli trampolieri, come l'airone, e persino dai coccodrilli maschi! Le mamme **coccodrillo del Nilo** riuniscono i piccoli in un angolo tranquillo e vegliano insieme su di essi per tre mesi. Tra gli **alligatori del Mississippi**, le cure materne durano da uno a due anni. Ciò malgrado, molti piccoli verranno divorati prima di diventare a loro volta temibili predatori.

La tartaruga bruna birmana è una delle poche tartarughe a proteggere qualche giorno il suo nido.

Per proteggere le uova deposte sulla parete di una grotta, la piovra erige un muro di pietre davanti all'ingresso. Poi assume la posizione di un tulipano, ripiegando le braccia verso l'alto. Non si muoverà più fino a quando i piccoli usciranno.

Con un piccolo sul dorso e uno nelle fauci, mamma coccodrillo veglia sulla loro sicurezza.

RIPRODURSI
IL RUOLO DEI GENITORI

Genitori solleciti sono molto rari tra gli invertebrati. Tutto il contrario, invece, tra gli uccelli.
Quando le uova si schiudono, gli uccelli si prendono cura dei loro piccoli... per qualche settimana. Il cuculo è l'eccezione che conferma la regola. Depone le uova nel nido degli altri uccelli e lascia agli estranei la cura di covare e allevare la prole.

La cimice dei boschi difende le larve emettendo una sostanza maleodorante: disgustato, nessun uccello osa attaccarle.

Gli insetti
Dopo aver dedicato le proprie cure alle uova, gli insetti sociali prestano molta attenzione allo sviluppo dei piccoli, che prendono la forma di larve. Ciò avviene raramente tra gli insetti solitari. Attaccate sotto una foglia, al fusto di una pianta o anche depositate sul terreno, le uova vengono abbandonate e le larve che ne escono si sbrogliano da sole. Non sopravvivono tutte, ma il gran numero di uova deposte compensa la perdita. La **cimice dei boschi** è un'eccezione. La femmina depone 400 uova in media, nondimeno protegge le sue larve tra le sue sei zampe, finché sono autonome.

Lo **scorpione femmina**, ovovivipara, incuba le uova all'interno del corpo. Quando si schiudono, porta i piccoli sul dorso per tre o quattro settimane, finché la prima muta dà loro un rivestimento un po' più duro. Li protegge dai predatori col suo pungiglione velenoso.

La cicogna dalla testa di balena fa la doccia al suo piccolo per rinfrescarlo

Tra gli insetti e gli uccelli

Un pettirosso femmina che nutre i suoi piccoli.

Gli uccelli

Si distinguono due tipi di uccelli: i **nidicoli** e i **nidifughi**. Gli uccellini nidicoli nascono spesso con gli occhi chiusi, pelati o quasi. Hanno giusto la forza di drizzare la testa e di aprire il becco per reclamare da mangiare e non sono in grado di lasciare il nido. Ad esempio, i piccoli **pettirossi** rimangono nel nido da dieci a quindici giorni prima di compiere i primi tentativi di volo e lo lasceranno definitivamente dopo parecchie settimane. Hanno bisogno di parecchie **imbeccate** al giorno; i genitori li riforniscono di insetti e bacche. La **cicogna dalla testa di balena** vive in Africa. Quando fa troppo caldo, attinge acqua fresca col suo enorme becco e innaffia i suoi piccoli.

Gli fa anche ombra col suo corpo. Il suo grosso becco le serve anche per fare riserva di cibo per i piccoli. Al contrario, gli uccellini **nidifughi** sono capaci di seguire gli adulti appena qualche ora dopo la nascita. Così, i piccoli dei **cigni**, coperti di peluria come gli **anatroccoli**, raggiungono rapidamente l'acqua, sono meglio riparati dai predatori che non sulla terraferma. Imparano alla svelta a trovare il cibo. Hanno comunque bisogno della protezione dei genitori fino all'età di 5 mesi. I genitori, come fa la maggior parte degli uccelli acquatici, li **trasportano** volentieri **sul loro dorso**. In caso di pericolo, papà cigno non esita a far fronte alla minaccia: a collo dritto ed ali aperte, difende ferocemente i suoi piccoli.

I piccoli cigni diventano bianchi come i genitori verso i 3 anni.

RIPRODURSI
IL RUOLO DEI GENITORI

Poiché i piccoli mammiferi hanno bisogno del latte materno dopo la nascita, è necessario che le cure materne vengano rigorosamente prestate. I piccoli beneficiano della protezione della madre, talvolta di entrambi i genitori, finché non sanno sbrogliarsela da soli per nutrirsi. In seguito, i legami familiari vengono spesso interrotti.

La femmina della **foca dagli anelli** depone il piccolo in un rifugio di neve. Vi rimarrà al caldo da sei a sette settimane, fino allo svezzamento, prima di immergersi sotto la banchisa.

A scuola di vita

Quando il piccolo **ippopotamo** nasce, pesa circa 30 kg, la metà di un vitello. Da quando viene alla luce, è già capace di trottare dietro sua madre per un primo bagno. Esso **poppa** in apnea. Per dieci giorni, madre e piccolo rimangono in disparte dal gruppo familiare. La madre rimane poi sollecita, aiutando il piccolo ad arrampicarsi sulla riva, sorvegliandolo a vista con gli altri piccoli del gruppo, proteggendolo ferocemente. Se essa si allontana, lo affida in **consegna** ad una femmina imparentata. Quando il giovane ippopotamo ha 6 – 8 mesi, sua madre lo conduce con sé al pascolo. Ma, quando raggiunge l'età della riproduzione, verso i 5 anni, viene cacciato dal gruppo familiare.

Dopo il bagno e la poppata in acqua, mamma ippopotamo aiuta il piccolo a risalire e a guadagnare la riva.

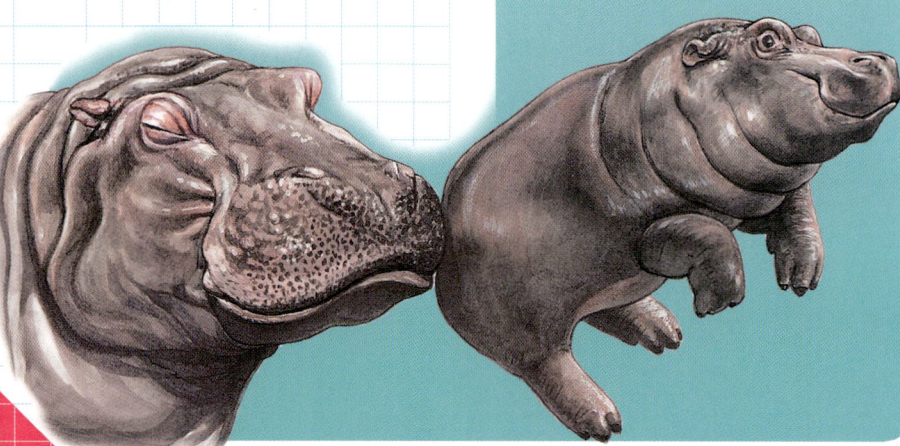

A stretto contatto

La palma dello spirito materno spetta alle grandi scimmie e alle balene: le madri **allattan**(o) i piccoli per parecchi anni. Mentre la balena nuota col suo balenotto incollato ad essa, le madri scimpanzé trasportan(o) continuamente i loro piccoli. Questo stretto contatto tra madre e figlio è raro tra gli animali. Presso i **canguri** è res(o) necessario dalla gestazione molto breve: il piccolo che nas(ce) è una larva che deve continua(re) a svilupparsi per cinque o sei mesi nella **tasca ventrale** della madre, attaccato a una mammella. A otto mesi, il picc(olo) canguro compie qualche sortit(a) ma al minimo pericolo recuper(a) la tasca materna… a meno ch(e)

Tra i mammiferi

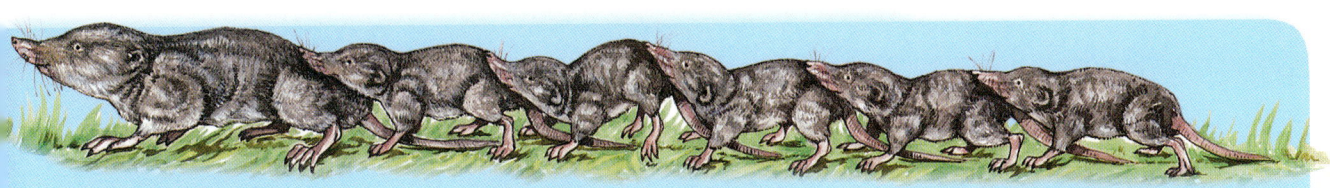

sua madre non lo levi per lasciare spazio a un altro piccolo. Quando è diventato troppo pesante per essere mantenuto nella tasca, vi affonda la testa per **poppare**.

Spirito materno ridotto

Alcune madri, come la lepre femmina, rimangono coi piccoli solo uno o due giorni. In seguito, ritornano presso di loro una volta al giorno per allattarli. Il **toporagno** custodisce i piccoli nel nido per tre settimane. Poi gli insegna a cacciare. Siccome questi animali non vedono bene, si mantengono **in fila indiana**, appoggiando il muso sulla groppa di quello davanti. Da quando sanno cacciare, ciascuno conduce da solo la propria vita. Questo spirito materno ridotto si trova soprattutto tra i mammiferi a vita breve – non più di un anno per il toporagno – e a riproduzione veloce.

E il padre?

Il **puledro** si mette in piedi molto presto dopo la nascita. La madre gli presta attenzione finché lo allatta. Tra i cavalli selvaggi, il piccolo viene immediatamente integrato al branco, che deve seguire.

Il padre non interviene mai nella sua educazione, come succede tra molti mammiferi. Papà **volpe** è un'eccezione. Alleva i piccoli con la femmina, giocando anche con loro se è il caso. Quando i piccoli giocano, i genitori non li lasciano mai lontano dalla tana e con le zanne vi riportano quelli che si sono smarriti. Dallo svezzamento, a 2 mesi, la madre li lascia di frequente per cacciare. A 4 o 5 mesi, i piccoli abbandonano la tana familiare.

Il puledro selvaggio poppa generalmente dalla mamma fino a quando non lo lascia a sé, un anno dopo.

Finché i piccoli non sono svezzati, mamma volpe rimane con loro giorno e notte nella tana. È il padre che caccia e che le fornisce regolarmente il cibo.

RIPRODURSI
NIDI COMUNI

Alcuni animali che appartengono a specie sociali organizzano sistemi di custodia collettiva per la progenie. In genere, uno o più adulti assicurano turni di sorveglianza dei giovani. Ciò rafforza la protezione dei piccoli, ancora molto vulnerabili, e i genitori possono andare in cerca di cibo senza troppe preoccupazioni. I piccoli che diventano grandi insieme, non rimangono tuttavia i migliori amici del mondo. I legami creati nel "nido comune" sono spesso molto temporanei.

pellicani

Nidi per uccellini

Nidi comuni esistono tra gli uccelli che nidificano in colonie, ad esempio il **fenicottero rosa** o il **pellicano**. Questi ultimi pongono i nidi in zone protette dai predatori, talvolta a parecchie decine di chilometri dai laghi in cui pescano. Maschio e femmina si uniscono per covare e nutrire insieme i loro piccoli. Questi non sono in grado di spostarsi fino a 3 settimane, dopo di che si raggruppano sotto la sorveglianza collettiva degli adulti. Ma sono i genitori che continuano a nutrirli con pesci rigurgitati. Da otto a dieci settimane più tardi, ben ingrassati, vengono abbandonati dagli adulti e devono saper volare da soli. Questo sistema è simile a quello usato dai **pinguini imperatori**. Cresciuto al calduccio presso la madre per cinque settimane, il giovane pinguino cammina sulla banchisa con gli altri giovani, sorvegliato dagli adulti che non esitano a riprenderlo

È raro vedere una femmina adottare un piccolo, soprattutto se di un'altra specie. In un parco nazionale africano, si è comunque vista una **leonessa** adottare a più riprese neonati di **antilope**, orfani, da essa allattati e difesi contro le altre leonesse.

Femmine di capodogli coi loro piccoli

Quando i piccoli vengono custoditi collettivamente

pinguini

se si allontana troppo.
I suoi genitori continuano a nutrirlo fino a 5 mesi.
A questo punto, nel continente antartico arriva l'estate e tutta la colonia si raggruppa nel punto in cui la banchisa si rompe fondendosi. I giovani pinguini possono così pescare da soli e la colonia si separa fino al prossimo inverno.

Aiuto reciproco tra mammiferi

Tra i mammiferi che vivono in gruppo, le femmine si aiutano reciprocamente.
Come le femmine **ippopotamo**, le mamme **capodoglio** affidano il piccolo a un'altra femmina quando vanno in cerca di cibo. Circondato da una ventina di femmine accompagnate dai loro piccoli, il giovane capodoglio rimane sempre al sicuro da squali e orche.

Gli **elefantini** nascono praticamente tutti nello stesso periodo. Poppano solo dalla madre – per diciotto mesi – ma godono della protezione di tutte le femmine. Il branco si sposta al ritmo dei piccoli. Se capita che un elefantino cade, gli adulti fanno di tutto per rialzarlo. La solidarietà viene attuata anche in caso di disgrazia: se un giovane perde sua madre, un'altra femmina è pronta ad adottarlo.

elefanti

RIPRODURSI
PAPÀ D'ECCEZIONE

La maggioranza degli animali non sa cos'è un padre. Il ruolo dei maschi, spesso, si limita alla fecondazione. Qualche papà pesce e anfibio, certo, si prende cura delle uova. Ma gli avannotti e i girini vengono abbandonati alla loro sorte.
La palma del padre sollecito appartiene senza dubbio al pinguino imperatore e al nandù.

L'**alite** viene soprannominato rospo ostetrico: la femmina, invece di appendere la filza di uova deposte alle piante acquatiche, le affida al maschio, che le avvolge attorno alle sue zampe posteriori. Quando si stanno per schiudere, il padre le depone in una pozza o in uno stagno.

Gli ippocampi

Gli ippocampi formano **coppie che durano tutta la vita**. Ma le femmine non si occupano assolutamente delle **uova**. Le depongono nella **tasca ventrale** del loro compagno e poi se ne vanno, ritornando dal maschio solo per riprodursi nuovamente. Dopo aver fecondato le uova, il padre le cova nella sua tasca, rigonfiata in modo da permettere agli **embrioni** di svilupparsi. La gestazione dura tra due e sei settimane. La nascita è del tutto simile ad un vero e proprio parto: per parecchie ore, il padre contrae i suoi muscoli per espellere centinaia di piccoli… che abbandona subito! Capita anche che ne mangi qualcuno. Un ippocampo può avere fino a sei parti all'anno.

A sinistra, la femmina dell'ippocampo depone le uova nella tasca del maschio. A destra, gli avannotti vengono espulsi.

I "kurtus gulliveri"

I maschi di questi pesci australiani hanno, **sulla parte anteriore della testa**, una specie di gancio, formato dalla trasformazione della loro pinna dorsale. I kurtus se ne servono per staccare le uova deposte dalle femmine sulle piante acquatiche. Applicano sulla fronte grappoli di uova, tenute assieme da filamenti collosi, proteggendoli in tal modo fino al loro schiudersi.

I papà-chioccia del mondo animale

I pinguini imperatori

Questi uccelli si riproducono sulla banchisa dell'Antartide in pieno inverno. La femmina, che non ha mangiato da due mesi, depone **un uovo** e poi se ne va a cercare cibo in mare fino in primavera. Il padre **cova** dunque da solo quest'uovo in una piega del suo ventre per cinquanta, sessanta giorni. In seguito, **si prende cura** del pulcino per altri venticinque giorni sotto il ventre, tra le zampe. Obbligato a digiunare, perde la metà del suo peso abituale! Al ritorno della madre, il padre può alla fine andarsene a pescare. Ritorna con del pesce per il suo piccolo.

Questo giovane pinguino si sta nutrendo direttamente dal gozzo del papà.

I nandù

Tra i nandù americani, gli struzzi d'Africa e gli emù d'Australia, sono i maschi a **covare** le uova. Ma mentre papà struzzo e papà emù sono in compagnia di una o parecchie femmine, papà nandù deve sbrogliarsela da solo! Mentre esso cova tra 10 e 60 uova in una cavità del terreno, le femmine se ne vanno a riprodursi con altri maschi. Dopo lo schiudersi, papà nandù, emù o struzzo **difendono** ferocemente i piccoli dagli intrusi: caccia persino le femmine che si avvicinano. Accompagna dappertutto i suoi piccoli, proteggendoli dai predatori, in particolare i cani selvatici. Li lascia definitivamente quando raggiungono i 5,7 mesi.

RIPRODURSI
METAMORFOSI

Tra la nascita e l'età adulta, tutti gli animali cambiano. La maggioranza dei piccoli mammiferi si accontentano di crescere. Altri animali mutano. La trasformazione è molto più spettacolare per la maggior parte degli invertebrati – insetti alati, scorpioni o granchi – e per i batraci. Nati sotto forma di larve, i piccoli non assomigliano agli adulti che diventeranno dopo la metamorfosi.

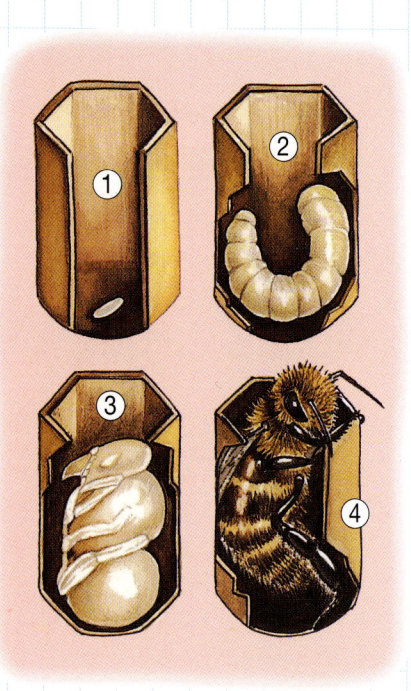

La metamorfosi dell'**ape** è simile a quella della farfalla. Dall'uovo (1) nasce una larva (2) che, quando si è ingrandita fino a riempire la sua cella di cera, diventa una crisalide (3). Ventun giorni dopo lo schiudersi, la crisalide diventa un'ape (4).

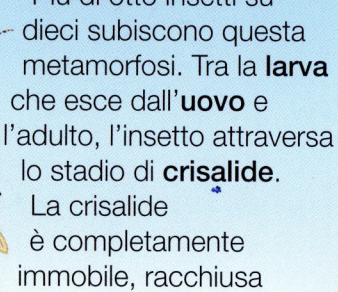

La metamorfosi completa

formica
mosca
vespa
pulce

Più di otto insetti su dieci subiscono questa metamorfosi. Tra la **larva** che esce dall'**uovo** e l'adulto, l'insetto attraversa lo stadio di **crisalide**. La crisalide è completamente immobile, racchiusa in un involucro nel quale si trasforma in adulta.

Dall'uovo (1) deposto dalla farfalla esce, qualche giorno più tardi, una larva chiamata **bruco** (2). Essa è completamente diversa dall'insetto adulto: ha un corpo cilindrico, striscia e mangia foglie mentre la farfalla vola e si nutre del nettare zuccherino dei fiori.

La metamorfosi incompleta

cavalletta
termite
cimice
libellula

Altri insetti saltano la tappa della crisalide. La larva assomiglia di più all'adulto ma non ha né organi sessuali né ali se appartiene ad una specie alata. Esse si formano durante la crescita, nel corso di una decina di mute.

La larva della cicala si sviluppa per parecchi anni. Alla fine, di sera si arrampica su un albero e si aggrappa ad una foglia.

La rana

Le larve della rana, chiamate **girini**, vivono nell'acqua, come quelle della zanzara o della libellula. Lasciano l'ambiente acquatico solo da adulti e cambiano a turno ambiente e regime alimentare: mentre i girini si nutrono di piante, le rane mangiano gli animali.

Dalle uova della rana escono, nel giro di una settimana, minuscoli girini provvisti di coda.

Crescere cambiando aspetto

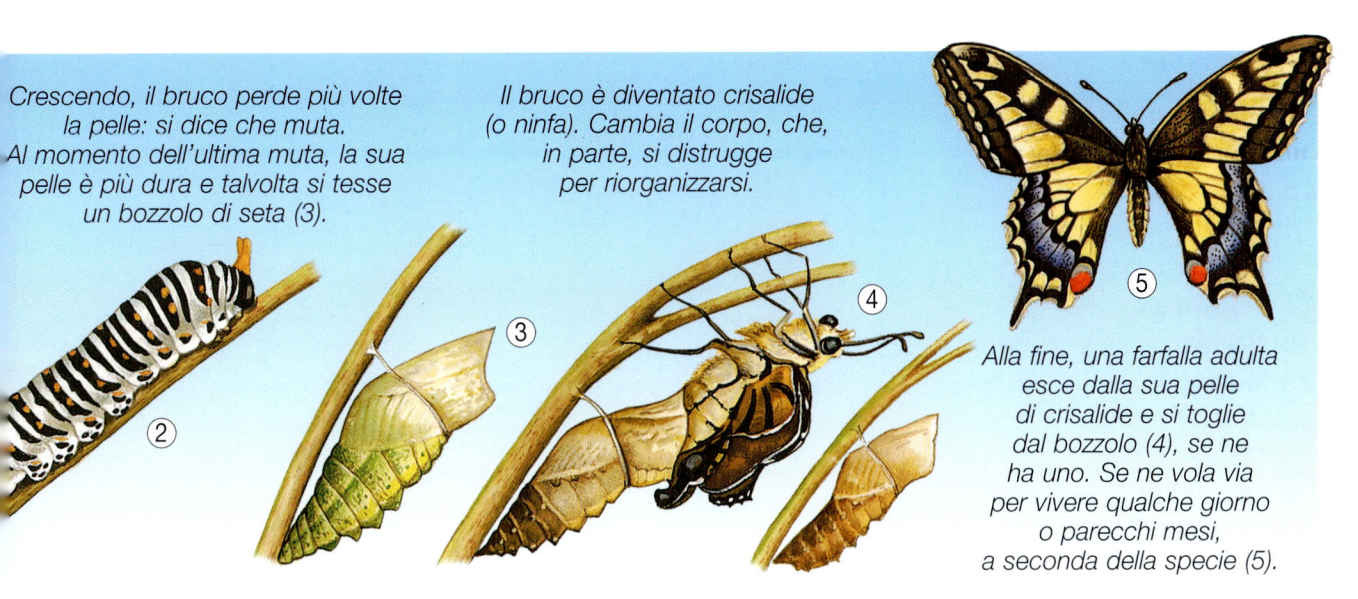

Crescendo, il bruco perde più volte la pelle: si dice che muta. Al momento dell'ultima muta, la sua pelle è più dura e talvolta si tesse un bozzolo di seta (3).

Il bruco è diventato crisalide (o ninfa). Cambia il corpo, che, in parte, si distrugge per riorganizzarsi.

Alla fine, una farfalla adulta esce dalla sua pelle di crisalide e si toglie dal bozzolo (4), se ne ha uno. Se ne vola via per vivere qualche giorno o parecchi mesi, a seconda della specie (5).

La sua pelle si spacca e ne esce un adulto. Qualche minuto più tardi, libera la testa e le zampe anteriori dalla sua pelle di larva.

Ci vuole più di un'ora per liberarsene completamente. La cicala può così dispiegare le sue ali.

Trascorrono ancora tre ore prima che il suo corpo e le sue ali induriscano.

I girini respirano grazie alle branchie, come i pesci. Le zampe anteriori compaiono dopo la sesta settimana.

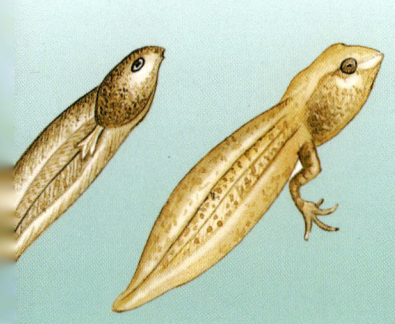

Poi compaiono quelle posteriori. A 9 settimane, il girino ha la forma di un adulto. La sua coda diminuisce progressivamente. A 16 settimane, la coda è scomparsa e i polmoni hanno rimpiazzato le branchie.

Conclusa la sua metamorfosi, la rana lascia subito la pozza. Vi ritornerà ogni anno per riprodursi.

RIPRODURSI
LE MUTE

Mutare vuol dire cambiare pelle, piume, pelliccia o carapace. Gli insetti, i ragni, gli scorpioni e i crostacei, il cui corpo è protetto da un involucro duro, devono mutare per crescere.
Tra gli insetti, questa muta ha luogo contemporaneamente alla metamorfosi.
I rettili mutano anche per svilupparsi.
Al contrario, la muta degli uccelli e di alcuni mammiferi non va di pari passo con la crescita, ma con le stagioni.

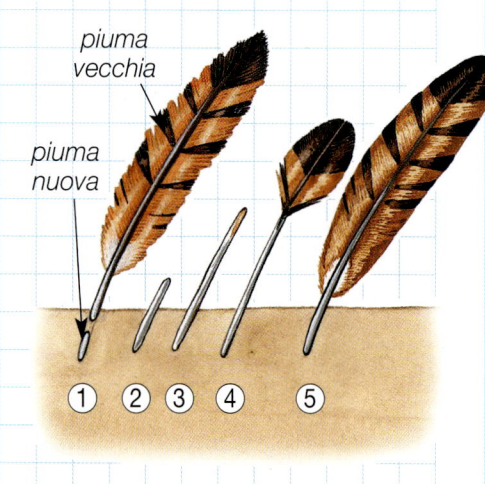

piuma vecchia
piuma nuova
① ② ③ ④ ⑤

Tutti gli uccelli mutano. Le nuove piume spingono sotto quelle vecchie, che vengono "sradicate" (1). Ogni piuma nuova si sviluppa in una fodera (2 e 3) che si apre per lasciar sviluppare la piuma completamente nuova (4 e 5).

Mute stagionali
Una o due volte all'anno, gli **uccelli** sostituiscono le loro piume sciupate. Questa muta è progressiva, salvo che per le anatre o i cigni, che non possono più volare per due o tre settimane!
La muta dell'**uccello del paradiso** precede la stagione degli amori: il maschio si pavoneggia con delle belle piume completamente nuove.
La muta consente ai mammiferi di adattare il pelo alla stagione. Chi abita in regioni fredde, alla fine dell'estate perde i suoi peli bruni. Ricresce una pelliccia molto spessa, talvolta di colore bianco come quella del **coniglio artico**.

Mute di crescita
I rettili hanno una pelle coperta di squame che, a differenza di quelle dei pesci, sono unite le une alle altre. La loro pelle non cresce di pari passo col corpo. Devono dunque mutare per crescere. Da adulti, rinnovano ancora la loro pelle, che si consuma.

I **serpenti** perdono la pelle **in una sola volta**. Quella vecchia, ormai seccata, si rivolta come un guanto mentre il serpente si contorce in tutti i sensi per sbarazzarsene. La sua nuova pelle è di colore molto vivace.

Farsi una pelle nuova

Le **lucertole** come i **coccodrilli** perdono la pelle **a pezzetti**. Quella del **camaleonte** si stacca a lembi due o tre volte l'anno.

...serpente lascia dietro di sé ...n involucro quasi trasparente, ...he è la copia esatta della sua ...rma. Il serpentello compie ...a sua prima muta già dalla sua ...ascita. Cambierà pelle ancora ...olte volte durante la sua ...rescita, poi le mute si faranno ...eno frequenti. Da una a tre ...ettimane prima della muta, ...li occhi del serpente ...cquistano un colore ...attiginoso.

Muta degli artropodi

I **ragni** femmina mutano durante tutto il corso della loro vita; i maschi, in genere, terminano di mutare una volta diventati adulti. Il ragno rimane sospeso alla tela mentre il suo vecchio involucro, chiamato **esoscheletro**, si schiude.

Un ragno, che si sta sbarazzando del suo vecchio involucro, pende dalla sua tela.

Poi si libera con le zampe, il più delicatamente possibile per non perderle durante l'operazione. Il **nuovo esoscheletro è molle**: il ragno deve attendere una ventina di minuti prima che si indurisca all'aria. Poi, potrà risalire al riparo nella sua tela.

I **crostacei**, ad esempio l'**astice**, mutano una decina di volta durante il loro primo anno di vita, poi le mute si diradano. Un crostaceo adulto muta solamente una o due volte l'anno. Quando muta, si gonfia d'acqua: ciò gli permette di rompere il vecchio **carapace** (cioè la corazza protettiva) e di sbarazzarsene in modo da crescere nel suo nuovo involucro, tutto pieghettato, ma su misura. Ci vogliono parecchi giorni perché il nuovo carapace si indurisca.

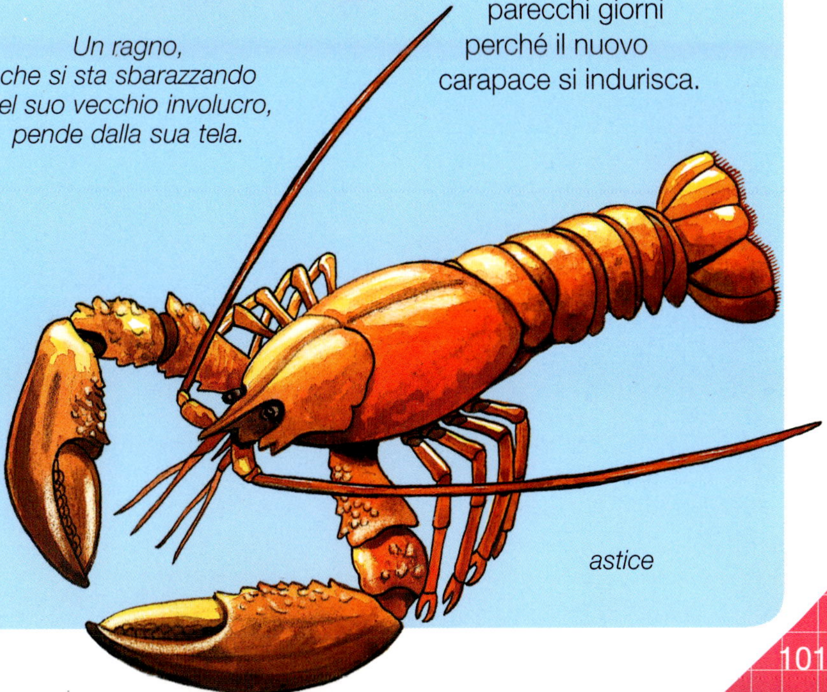

astice

RIPRODURSI
LO SVILUPPO DEI PICCOLI

La trota

La trota depone le sue uova sul fondo dell'acqua, in una zona al riparo dalla corrente. Queste uova, abbastanza pesanti per rimanere sul fondo, aderiscono ai sassi grazie alla loro superficie viscosa. Le **uova** producono **larve** non completamente formate. Lo scheletro, le pinne e la maggior parte degli organi si sviluppano poco a poco.

L'uovo è fatto di un involucro trasparente che lascia intravedere gli occhi dell'**embrione**. Questo viene nutrito dai liquidi contenuti in una **tasca** all'interno dell'uovo.

È una **larva** ancora trasparente ad uscire dall'uovo. La tasca che racchiude i liquidi nutritivi rimane fissata al suo corpo.

La gallina

Come tutti gli uccelli, la gallina cova le sue uova fecondate perché si schiudano; le mantiene ad una temperatura costante di circa 40 °C. L'embrione si nutre del giallo e del bianco dell'uovo tramite i vasi sanguigni. Il **guscio** lascia passare l'aria ma lo protegge dai batteri.

riserve
guscio
vasi sanguigni
embrione in una tasca

Dopo 21 giorni di incubazione, l'**embrione**, divenuto **pulcino**, ha esaurito le sue riserve di cibo. Rompe il guscio: l'uovo si **schiude**.

Il coniglio

Come per tutti i mammiferi (salvo i marsupiali), gli embrioni si sviluppano nel corpo della madre. Sono protetti da una **tasca piena di liquido** e collegati alla **placenta** dal **cordone ombelicale**. Questo organo consente lo scambio di alimenti e ossigeno tra il sangue della madre e quello dei piccoli.

Una coniglia partorisce 5 o 6 volte l'anno, in media 5 o 6 piccoli per volta.

La gestazione è breve: circa 28 giorni.

Dall'embrione all'adulto

Dalla sua nascita, la larva di trota può nuotare ma non è in grado di mangiare. Continua a nutrirsi per una settimana con le riserve della tasca.

Man mano cresce, la tasca diminuisce. La larva diventa un **avannotto** che si nutre di insetti, lumache e crostacei.

Una trota diventa **adulta** solo nel giro di tre o quattro anni. Si nutre allora di altri pesci e può riprodursi.

Il pulcino non ha piume, ma **lanugine**. Può spostarsi e nutrirsi da solo, sotto la protezione della madre. A quattro giorni pesa circa 300 g, ad otto il suo peso raddoppia.

In appena un mese, il **pollo** raggiunge un peso di circa 1,8 kg. Diventa una **gallina** o un **gallo**.

Nel giro di qualche giorno, dalla lanugine spuntano piccole piume.

I **coniglietti** sono ben formati ma nascono senza peli e con gli occhi chiusi. Sono completamente dipendenti dalla madre, che li allatta.

La crescita dei piccoli conigli è molto rapida. I peli spuntano già dalle prime settimane. A 3 mesi, sono già **adulti**.

GLI AMBIENTI
VIVERE NEL GRANDE FREDDO

D'estate, nelle zone polari, uccelli e mammiferi marini pranzano a base di pesce e plancton. Ai margini del circolo artico, la tundra, una distesa erbosa, nutre i grandi erbivori, i piccoli roditori... e i loro predatori. Ma quando arriva l'inverno, e ghiaccio e neve ricoprono l'oceano e la terra, la sopravvivenza diventa più difficile. Alcuni migrano verso regioni più calde, altri ibernano. Come si adattano quelli che rimangono?

Un buon isolamento
La civetta delle nevi conserva, tutto l'anno, un piumaggio bianco chiazzato di nero. Le sue **piume lunghe e spesse** ricoprono anche il suo becco e questo la isola bene dal freddo quando, in inverno, la temperatura scende al di sotto dei -30 °C. I mammiferi che abitano permanentemente al polo Nord hanno anch'essi una **spessa pelliccia isolante**: l'**orso bianco**, come la **volpe polare**, è protetto dai peli persino sulla pianta dei piedi, il che gli permette di camminare sulla banchisa. Uno strato d'aria tra i peli rende ancor più efficace l'isolamento.

Maestri predatori
In inverno, l'orso bianco ingrassa. La banchisa gli offre il terreno migliore per la caccia. Bracca le foche ai bordi dei buchi che esse scavano per respirare. È spesso seguito dalla **volpe polare**, che si nutre dei suoi avanzi. La civetta delle nevi ha l'udito abbastanza fine per individuare il minimo rumore provocato sotto la neve dai lemming, le sue prede preferite.

civetta delle nevi

Vivere sotto il ghiaccio
Con una **pelle spessa 6 cm**, accompagnata da uno **strato di grasso di 10 cm** foche e **trichechi** possono continuare le loro evoluzioni anche nell'acqua ghiacciata. L'unica difficoltà per loro è quella di respirare: si riuniscono nelle **polinie**, zone senza ghiaccio, o mantengono aperti buchi attraverso cui respirare. Le foche usano i **denti**, i trichechi le **zanne**

Nei periodi più caldi, la pelliccia della **volpe polare**, che vive nella tundra, è di colore grigio azzurrognolo o bruna. In autunno, quando le giornate si accorciano, diventa bianca e ispessisce, assicurandole il calore e la mimetizzazione nella neve. Le sue orecchie, il muso e le zampe sono corte, il che evita le perdite di calore.

tricheco

foca

Non sprecare il calore

pinguini imperatori

Resistere al congelamento

Animali a sangue freddo, i **pesci** non possono adattare la loro temperatura interna a quella esterna. Negli oceani polari, essa è spesso inferiore a -0,8 °C. Normalmente, a questa temperatura, il sangue dei pesci gela. Le specie adattatesi alle acque glaciali dell'Artico e dell'Antartico hanno nel sangue delle **proteine** che impediscono di trasformarsi in pesci congelati.

Tenersi al caldo

A terra, i **lemming** si mantengono al caldo nelle **gallerie sotterranee**, nutrendosi di ciò che trovano sotto la neve. I **buoi muschiati** grattano la neve coi loro zoccoli. Malgrado il corpo arcuato, piccole orecchie e il lungo pelo, **devono stringersi per resistere ai venti ghiacciati**. Si tratta della tecnica adottata anche dai **pinguini imperatori**, gli unici animali ad abitare sul continente antartico in inverno. Questi uccelli si riuniscono a "**tartaruga**". Per non far torto a nessuno, il gruppo gira: quelli che erano all'esterno si ritrovano al centro, dove la temperatura può essere di 10 °C superiore. Questo modo di scaldarsi è talmente efficace che i pinguini posti nel mezzo del gruppo sudano!

orso polare

buoi muschiati

lemming

GLI AMBIENTI
IL LETARGO

Nelle regioni temperate e in quelle artiche, l'inverno è un periodo difficile per gli animali. Il cibo si fa raro, il freddo affatica gli organismi. Per alcuni, rimanere attivi richiede troppa energia. Allora, se non sono equipaggiati per affrontare i rigori dell'inverno, né capaci di migrare, gli animali vivono al rallentatore: cadono in un letargo più o meno profondo in attesa della primavera.

Durante il letargo, gli animali non mangiano più. La **marmotta**, il più grosso tra gli ibernanti, perde la metà del suo peso. Prima dell'inverno, accumula riserve di grasso, si rimpinza di erba, frutti, cavallette e lumache, fino a trascinare il ventre per terra!

Il letargo degli animali a sangue freddo

Insetti, molluschi, rettili e anfibi sono animali a **sangue freddo**: non hanno meccanismi termoregolatori interni. Quando la temperatura scende, all'arrivo dell'inverno, questi animali cessano ogni attività: è il letargo. Per non congelare, si mettono al riparo. Nascosta sotto le pietre o nella terra, la **chiocciola** (1) evita di seccarsi tappando il guscio con una pellicola di bava indurita. Le **rane** (2) si nascondono nel fango.

I **serpenti** (3) si intrecciano, nascosti nella terra o sotto le rocce.

Anche i pesci

La maggior parte dei pesci, sebbene abbiano il **sangue freddo**, rimangono attivi durante l'inverno. In acqua dolce, sono soprattutto i pesci di laghi e stagni temperati che si addormentano sul fondo. In mare, i pesci piatti, come le **passere di mare** (4), scendono a centinaia di metri di profondità per svernare a migliaia.

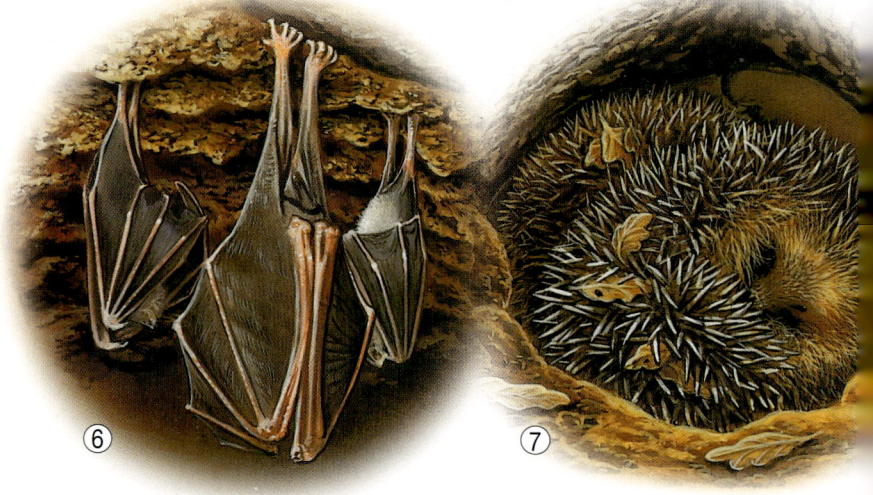

Contro il freddo, vita al rallentatore

Il letargo degli animali a sangue caldo

Gli animali a **sangue caldo**, uccelli e mammiferi, hanno una temperatura corporea pressoché costante, tra i 30 e i 40 °C. Quando la temperatura esterna si abbassa, il loro organismo deve dispensare più energia per conservare il calore. Alcuni mammiferi reagiscono andando in letargo: non mangiano più, la loro **temperatura** corporea si **abbassa** fino a 5 o 8 °C, il loro **cuore batte meno velocemente**. Nella **marmotta** (5), il ritmo cardiaco scende da 130 a 15 battiti al minuto.

L'animale entra in un sonno profondo, arrotolato a palla per non disperdere il calore.
Il **pipistrello** (6) rimane sospeso nell'oscurità di una grotta, racchiuso nelle sue ali.
Il **riccio** (7) e il **moscardino** (8) si avvolgono nel loro nido.

Piccoli risvegli

Il sonno del letargo è frammezzato da periodi molto brevi di risveglio, più frequenti all'inizio e alla fine dell'inverno. La marmotta dorme da tre a dieci giorni e si risveglia per due. Esce brevemente dalla tana per guardarsi intorno, sistema il suo rifugio, fa la pulizia personale e i suoi bisogni, quindi si riaddormenta.

Casi particolari

L'**orso** (9) non iberna veramente. La sua temperatura si abbassa di pochi gradi e, se il clima si mitiga, si sveglia subito. Alcuni uccelli, come la cincia, entrano in una specie di torpore se il cibo scarseggia. Ma il solo vero uccello ibernante che si conosca è il **caprimulgo di Nuttal** (10), che vive nell'America settentrionale.

GLI AMBIENTI
VIVERE NEL DESERTO

gerboa *lepre del deserto* *serpente a sonagli*

I deserti sono zone in cui la vegetazione è molto rada, poiché le precipitazioni sono deboli e irregolari. Tuttavia ci vive ogni sorta di animale. I loro organismi e i loro modi di vita si sono adattati, in modi diversi, alla mancanza d'acqua e alla calura estrema del giorno, che contrasta con il freddo della notte.

La ricerca dell'acqua
Quando non vivono in prossimità di **oasi**, unici punti d'acqua permanenti, gli animali devono percorrere grandi distanze per bere. I **ganga**, uccelli piuttosto rari che soggiornano in permanenza nel deserto, percorrono così fino a 70 km al giorno. Mentre bevono, fanno il bagno. Quando ritornano al nido, i loro piccoli bevono l'acqua trattenuta nelle loro piume. I ganga sono infatti un'eccezione: la maggior parte degli abitanti del deserto non ha un grande bisogno di acqua. Il **dromedario** può privarsene per otto giorni: usa l'acqua che contiene la sua riserva di grasso, immagazzinata nella gobba.

L'antilope **addax** può tralasciare di bere per parecchi mesi, estraendo l'acqua dal cibo. La stessa strategia permette ai piccoli roditori e ai rettili di non bere mai.

Risparmiare l'acqua
In ogni caso, gli animali devono limitare le perdite d'acqua del loro organismo. Hanno tutti urina ed escrementi molto concentrati. Sono forniti anche di un involucro corporeo molto spesso: la pelle

Il **cammello a due gobbe della Battriana** vive nei deserti asiatici, dall'Iran al nord della Cina. Qui le estati sono molto calde, ma gli inverni sono glaciali. Per resistere al freddo, questo cugino del dromedario si copre di uno spesso pelame che cade a brandelli in primavera.

topo canguro *fennec* *lucertola*

Risparmiare l'acqua, proteggersi dalla calura

varano del deserto

pecari

sciacallo

oryx d'Arabia

quamosa dei rettili, il carapace degli scorpioni o degli insetti sono completamente impermeabili. Come ogni mammifero, il dromedario suda, ma solo quando la sua temperatura corporea sale sopra i 41 °C. La **lepre del deserto** non suda molto grazie alle sue lunghe orecchie, dalle quali evacua il massimo del calore.

Sfuggire alla calura

Nel deserto, quando la temperatura dell'aria è di 45 °C, quella della sabbia supera i 70 °C! Molti animali del deserto escono solo di notte. Durante il giorno, i **fennec** e i **gerboa** del Sahara, come i **pecari dal collare** e i **topi canguro** dei deserti americani, rimangono al fresco nelle loro tane sotterranee. I serpenti si sotterrano nella sabbia, chiudendo narici e mascelle per non ingoiare sabbia. **Lucertole** e **scorpioni** si infilano sotto una pietra.
Il **picchio di Gila**, un uccello americano, trova il fresco facendo un foro in un cactus.

Spostarsi

Il deserto si anima quando scende la notte. Spiati dagli **sciacalli**, **oryx** e **addax** abbandonano l'ombra dei rari cespugli per andare a brucare. I larghi zoccoli evitano loro di affondare nella sabbia. Gerboa e topi canguro evitano l'affondamento balzando sulle lunghe zampe posteriori.

addax

picchio di Gila

dromedari

ganga

vipera delle sabbie

scorpione

GLI AMBIENTI
VIVERE NELLA FORESTA TEMPERATA

La foresta temperata è molto diffusa in Europa. È composta essenzialmente da querce, faggi e altre piante che in autunno perdono le foglie. Gli animali che la popolano vi trovano una grande varietà di cibo e numerosi ripari tra gli alberi, i cespugli o sotto lo spesso strame di foglie morte che tappezzano il terreno. Ma devono adattarsi ai cambiamenti stagionali.

① volpe
② capriolo
③ cerva
④ cervo
⑤ cinghiale
⑥ toporagno
⑦ cimice dei boschi
⑧ ghiandaia
⑨ scoiattolo

L'autunno

Gli animali si preparano ad affrontare l'inverno e la mancanza di cibo. Se il **cuculo** migra verso regioni più calde, la **ghiandaia delle querce** immagazzina ghiande e faggine (i frutti dei faggi), come lo **scoiattolo**. Il **toporagno** ingrassa prima del letargo: va a caccia sotto le foglie morte, dove brulicano gli insetti, come la **cimice dei boschi**. Le foglie la nascondono ai suoi predatori, la **volpe** e il **cinghiale**. Quest'ultimo, il più grosso mammifero della foresta temperata, sopravvive all'inverno snidando le ghiande cadute a terra con l'aiuto dei suoi lunghi canini.

I **cervidi** devono nutrirsi di cortecce e licheni. In settembre – ottobre, la foresta risuona dei bramiti dei **cervi** e del rumore delle loro corna che si scontrano: i maschi, molto imponenti, combattono per conquistarsi un harem di cerve e riprodursi. Al contrario i **caprioli**, molto più piccoli, in questa stagione perdono i loro palchi.

La vita della foresta temperata in autunno

Le stagioni ritmano l'attività degli animali

La primavera e l'estate

In primavera, **cinghiali** e **cervidi** si godono i giovani germogli degli alberi e le tenere gemme. Gli **uccelli frugivori**, lo **scoiattolo** e la **volpe** si nutrono di bacche e noccioline che ricoprono gli arbusti e gli alberi da frutta. Il **toporagno**, al risveglio, va a passeggio coi suoi piccoli. La primavera è, per la maggioranza degli animali, la **stagione degli amori e delle nascite**.

Piccoli ben nascosti

Per qualche settimana, è difficile vedere in giro i piccoli: la femmina del cinghiale nasconde per due settimane da 4 a 6 **cinghialetti** in un nido di foglie e muschio dentro la macchia. Il loro pelo striato completa la mimetizzazione. In seguito, fino ai sette mesi, i cinghialetti scoprono la foresta in compagnia della mamma. I **cerbiatti**, figli del **cervo** e del **capriolo**, restano rifugiati nei cespugli prima di raggiungere il branco formato dalle cerve. Ma tutti questi animali escono soprattutto all'alba o al tramonto.

I cerbiatti del capriolo nascono a maggio. Sono stati concepiti in luglio – agosto dell'anno precedente. L'estate è, infatti, la stagione degli amori per il capriolo. Per richiamare le femmine, esso lancia delle specie di latrati. Munito di corna, proprio nel momento in cui il cervo, in primavera, le ha perdute, sfrega contro gli alberi il suo nuovo palco. Si sbarazza così della pelle vellutata che protegge le corna.

La vita della foresta temperata in estate

GLI AMBIENTI
VIVERE NELLA FORESTA BOREALE

La foresta boreale rappresenta un terzo delle foreste del pianeta e si estende all'incirca per 10 000 km lungo il circolo polare artico, dall'Alaska alla Siberia, passando per il Canada, la Norvegia, la Svezia, la Finlandia e la Russia. È una foresta di conifere, che conservano i loro aghi tutto l'anno e sono resistenti al freddo. Il terreno è ricoperto di neve da 5 a 8 mesi e gela anche in profondità. Durante l'estate, molto breve, gli arbusti si coprono di mirtilli; il terreno rimane imbevuto d'acqua.

Gli uccelli
Il grande freddo e il gelo dell'inverno scacciano da queste regioni del grande Nord la maggioranza degli uccelli, come le oche selvatiche.
Il **crociere** (1) è, al contrario, un sedentario: in estate si nutre volentieri di insetti, in inverno mangia pinoli che estrae con facilità grazie al suo becco, incrociato sulla estremità. Questo originale becco gli serve anche come rampone per scalare gli alberi.

I cervidi
La **renna** (2), che nell'America settentrionale viene chiamata caribù, trascorre l'inverno nella foresta boreale e la bella stagione sul tappeto di licheni – la tundra – che la costeggia a nord.
L'**alce** (3) non abbandona la foresta e rimane nei pressi di fiumi e laghi. D'estate, quando pullulano le zanzare, si bagna per ore. Mangia piante acquatiche, tuffandosi fino a 5 m di profondità per trovarle. In primavera, il suo pasto è composto da foglie e ramoscelli di piccoli alberi.
D'inverno, si accontenta di cortecce, strappate alla base dei giovani alberi.

Nella foresta boreale siberiana

La **tigre della Siberia**, il felino più grande, popola la foresta boreale delle montagne della Siberia e della Manciuria e percorre vaste distese per cacciare, di notte, i grandi mammiferi. Ma, a causa della deforestazione e del bracconaggio, rimangono in libertà meno di duecento tigri della Siberia.

Stagioni molto contrastate

I predatori della foresta

Malgrado la loro imponente taglia (un alce può raggiungere gli 800 kg!), i grandi cervidi sono preda dei **lupi** (4) e dei **ghiottoni** (5). Questi ultimi assomigliano all'orso ma fanno parte della famiglia della donnola carnivora. La neve è per loro un meraviglioso terreno di caccia: acciuffano più facilmente le renne, che sotterrano talvolta sotto la neve trasformata in dispensa.

Della stessa famiglia della donnola, il **visone d'America** (6) caccia a terra conigli e topi muschiati, e in acqua pesci, gamberi e rane. Oltre all'uomo, che brama la sua magnifica pelliccia impermeabile, ha la **lince** (7) come predatore. Cacciatore notturno, questo felino, il più grosso tra i gatti selvatici, preferisce tuttavia braccare le lepri, in autunno.

Attivo per tutto l'anno

Come i predatori della foresta, il **castoro** (8) rimane attivo tutto l'anno, anche quando l'acqua gela in superficie. Nuota sotto il ghiaccio, protetto dal freddo da una spessa lanugine ricoperta di lunghi peli.

Nella sua tana

Il **grizzly** (9), orso bruno della foresta boreale, passa il grosso dell'inverno nella sua tana, da cui esce in primavera, quando ha perso circa un terzo del suo peso. Può quindi dedicarsi alla pesca del salmone. In estate, completerà la sua dieta a base di foglie e di erbe. Non mangia carne, se non quella di un giovane cervide alla sua portata.

Nella foresta boreale nordamericana

GLI AMBIENTI
VIVERE NELLA FORESTA TROPICALE

Le foreste tropicali si estendono a nord e a sud dell'equatore. Sotto un clima caldo e umido, i vegetali crescono tutto l'anno e offrono, per tutta la stagione, foglie e frutti. In queste dense foreste, gli alberi lottano per raggiungere la luce del sole: i più alti raggiungono l'altezza di 60 – 75 m.
Al di sotto di questi alberi emergenti, altri, un po' più bassi, si stagliano tra i 25 e i 40 m: è la canopea, dove la vita è molto animata.

Orientarsi
Il fogliame è così denso che gli abitanti degli alberi, invisibili da terra, comunicano soprattutto con segnali sonori. Le più rumorose sono le **scimmie urlatrici** (1) che, ogni mattina, gridano per dissuadere gli altri gruppi a sconfinare nel loro territorio.
I **tarsi** (2), per individuare le loro prede, hanno grandi e sensibili orecchie ed occhi enormi, più pesanti del loro cervello.
Le **raganelle dagli occhi rossi** (3), che di notte cacciano gli insetti, ingrandiscono le loro pupille per vedere meglio nell'oscurità.
Come i **dendrobati** (4) dal potente veleno, queste rane arboricole trovano l'umidità e l'acqua necessarie alla loro sopravvivenza nelle foglie delle piante che crescono sui tronchi. Alcune specie non scendono mai sulla terra, neanche per deporre le uova.

A più di 25 m da terra

Vita in altitudine

L'**orangutan** (5) raramente abbandona gli alberi. Si sposta con facilità grazie alle sue braccia, lunghe più di 2 m, aggrappandosi con mani e piedi provvisti di dita prensili (adatte per afferrare). Percorre grandi distanze per trovare la sua razione di foglie, frutti e piccoli animali.

Al contrario, il **poltrone** (6), che non è una scimmia, si muove lo stretto necessario, tanto la sua pelliccia è invasa da alghe e insetti.
Dorme diciannove ore al giorno per digerire le foglie mangiate, appeso a un ramo tramite lunghi artigli uncinati.

Animali volanti

Gli spostamenti aerei rimangono la cosa più pratica.
Quando è minacciato, il **geco volante** (7) dispiega le membrane di cui è dotato su ciascuna parte del corpo e allarga le sue dita palmate: fugge via planando.
I **pappagalli ara** (8), dai bellissimi colori, zigzagano tra i rami più alti grazie alle loro ali corte e larghe.
Gran mangiatori di noci, vanno a caccia di gusci con il loro becco a pinza.
Il **tucano** (9) e il **bucero** (10) hanno entrambi un lungo becco per afferrare i frutti sui rami più lontani.

Gli animali, raggruppati in queste pagine, non si incontrano tutti nelle medesime regioni.

GLI AMBIENTI
VIVERE NELLA FORESTA TROPICALE

I raggi del sole non raggiungono quasi mai il suolo della foresta tropicale. Gli animali che occupano lo stadio inferiore vivono in una semioscurità, squarciata solo dalla luce laddove sono caduti grandi alberi o in prossimità di numerosi corsi d'acqua e pozze. Si spostano in un labirinto di radici, liane che avvolgono tronchi, felci e giovani alberi, sopra un terreno ricoperto da uno spesso strato di foglie morte e di legno marcito.

Gli animali, raggruppati in queste pagine, non si incontrano tutti nelle medesime regioni.

Rasoterra
Riuniti in bande rumorose, i **coati** (1), della famiglia del procione, di giorno, scavano nello spesso materasso che ricopre il terreno, alla ricerca di funghi, bacche, insetti e topi. Di notte, si nascondono nelle macchie. Gli **armadilli** (2), dall'armatura composta di placche ossee articolate, sventrano coi loro potenti artigli i nidi di formiche e termiti, che divorano con la loro lingua viscosa.

Trappole velenose
Nello strame si nascondono le trappole fabbricate dalla **migale** (3), un enorme ragno dal veleno mortale. Nascosta nella sua trappola, essa aspetta che un insetto, un serpente, una rana, una lucertola o un piccolo mammifero giunga alla sua portata. Il suo veleno uccide e, contemporaneamente, rammollisce la carne della vittima, facilitandone la digestione.
La **scolopendra gigante** (4), nascosta sotto le pietre o sotto la corteccia degli alberi caduti, è anch'essa temibile. Questo millepiedi, lungo 30 cm, possiede ventitre paia di zampe, di cui le prime sono dotate di artigli velenosi coi quali uccide topi e rane.

Un mortale gioco a nascondino

La notte dei cacciatori

Nell'acqua, l'**anaconda** (5) – il serpente più pesante (fino a 250 kg) – prepara le sue imboscate. Trasportata dall'acqua, galleggia e fila a gran velocità all'avvicinarsi di una preda. Fa volentieri il suo pasto con un trampoliere, ma può anche avvolgere le sue spire attorno ad un giovane giaguaro (6) o a un **caimano** (7) adulto. L'anaconda e il caimano cacciano soprattutto di notte, come i felini della foresta. Le strisce della **tigre** (8) e le macchie rotonde del giaguaro, gli ocelli, assicurano, di giorno, a questi cacciatori un notevole camuffamento: questi motivi riproducono quelli disegnati dai raggi del sole che passa attraverso la vegetazione.

Abitanti discreti

Tanti pericoli spiegano la grande discrezione degli abitanti della foresta tropicale. L'**opossum** (9), uno dei rari marsupiali americani, esce solo di notte dal suo nascondiglio situato negli alberi. L'**okapi** (10) è talmente discreto che è stato studiato solo dall'inizio del XX secolo. Si è allora scoperto che, malgrado le strisce che ne ricoprono le cosce e la parte alta delle zampe, non era una "zebra della foresta", ma un cugino della giraffa. Per strappare foglie e gemme, è munito di lingua molto lunga e capace.

Grandi scimmie

I branchi di **scimpanzé** (11) e di **gorilla** (12) passano meno inosservati. Queste grandi scimmie si installano volentieri nelle radure e sugli argini per giocare e spidocchiarsi. Gli scimpanzé, di notte, trovano rifugio sugli alberi, dove si costruiscono dei nidi. Il peso dei gorilla maschi (fino a 200 kg) li costringe a dormire per terra, su un materasso d'erba.

GLI AMBIENTI
VIVERE NELLA SAVANA

La savana africana è un'immensa prateria tropicale, punteggiata di alberi isolati o a ciuffi, come le acacie e i baobab. La vita è regolata dall'alternanza di una stagione di piogge e di una secca, che costringe i grandi branchi di erbivori a migrare.
La savana offre riparo ai più grandi mammiferi terrestri, l'elefante e la giraffa, ma anche alle belve più veloci del regno animale, come il ghepardo.

Da una stagione all'altra
Nella stagione secca, che può durare fino a nove mesi, i branchi di **gnu** (1), **zebre** (2), **gazzelle** (3) e **antilopi** migrano spesso verso zone più verdeggianti. Gli **elefanti** (4), che si spostano abitualmente in gruppi di una ventina di animali, si riuniscono persino a centinaia per le loro migrazioni stagionali. Con la **stagione delle piogge** ritorna l'abbondanza. Le erbe sono alte e i punti d'acqua più numerosi.

C'è da mangiare per tutti. Le zebre preferiscono piante più dure, antilopi e gnu i germogli più teneri. Le **giraffe** (5), con il loro lungo collo, e gli elefanti con la loro proboscide, possono raggiungere gli alti rami degli alberi. La coabitazione dei diversi erbivori rafforza la protezione contro i predatori: le giraffe, più alte, vedono più lontano e le fiere non attaccano i massicci gnu se non quando uno di essi commette l'imprudenza di allontanarsi dal branco.

Paesaggio della savana nella stagione secca

Il **fuoco** fa parte della vita della savana. Nella stagione secca, l'erba ingiallita dal sole si incendia facilmente. Il fuoco è una minaccia per gli animali, ma impedisce alle piante di estendersi, favorendo così la crescita dell'erba, di cui si nutrono gli erbivori.

Mamme leonesse
Le leonesse, che vivono in clan da cinque a dieci femmine, partoriscono tutte contemporaneamente. Queste temibili predatrici devono allora proteggere i loro piccoli dagli altri felini e dalle iene. Le spostano spesso per confondere le tracce. Tuttavia, molti piccoli muoiono.
Le mamme leonesse allattano indifferentemente i loro piccoli e quelli delle altre femmine. Quando i piccoli hanno 3 mesi e mezzo, possono seguire la mamma a caccia, imparando così a scovare le prede. Andranno veramente a caccia solo a 2 anni.

Le grandi distese tropicali

Distanze di sicurezza

I branchi brucano a lungo senza dare l'apparenza di curarsi della minaccia dei carnivori. All'improvviso, senza una ragione apparente, si mettono in agitazione. Un predatore ha superato la linea invisibile che demarca la soglia di sicurezza delle prede: le gazzelle, ad esempio, lasciano avvicinare un leone fino a 200 m. Se è visibile a questa distanza, vuol dire che non sta cacciando. La distanza di sicurezza contro il **ghepardo** (6) è quattro volte maggiore. Con sprint a 110 km/h, questo felino può facilmente raggiungere una gazzella, anche se questa può correre a 80 km/h!

Carnivori e mangiatori di carogne

Al crepuscolo, i branchi si racchiudono attorno ai piccoli. È l'ora in cui vanno a caccia i felini, come le **leonesse** (7), e le mute di **iene** che, contrariamente alla loro reputazione, amano sia la carne fresca che quella delle carcasse. In mancanza di prede vive, le iene non esiteranno a braccare un leone per obbligarlo ad abbandonare il suo pasto. Quando arriva il giorno, altri mangiatori di carogne si faranno vivi nella savana: approfittando delle correnti di aria calda che salgono, **avvoltoi** (8) e **marabù** (9) si alzano in volo per avvistare le carcasse degli animali. Gli uni e gli altri hanno il collo e la testa pelati, il che evita di sporcarsi quando affondano il loro becco nei cadaveri. Ci appaiono ripugnanti, ma giocano un ruolo molto utile impedendo la proliferazione di mosche e parassiti. Sono i pulitori della savana.

Paesaggio della savana nella stagione delle piogge

GLI AMBIENTI
VIVERE NELLE PRATERIE

Le praterie di estendono nei climi temperati e continentali. Gli animali vegetariani vi trovano erba e graminacee in primavera, chicchi che maturano in estate per le provviste invernali e una gran quantità di radici... che ospitano innumerevoli insetti di cui si cibano gli insettivori. Per proteggersi dai predatori, la maggior parte degli animali vive nascosta nell'erba o sottoterra.

Praterie d'Europa

Nelle praterie e nei campi, coltivati dagli agricoltori, vivono gli animali piuttosto discreti, come la **quaglia** (1), il cui piumaggio la rende difficile da individuare. Mentre, di giorno, becca chicchi, insetti e frutti, questo piccolo uccello trascorre la notte ugualmente a terra, dormendo in gruppo, al riparo delle alte erbe.
Anche la **lepre** (2) ha il suo covo nell'erba. Attende spesso la notte per saltellare e fare il suo pasto d'erba e radici. Ciò non la mette al riparo dalla **volpe** (3), che caccia sia di giorno che di notte, come la **donnola** (4). A differenza della volpe, che si accontenta di vermi e frutti se la caccia non è buona, la donnola mangia solo roditori e uccelli. Essa deve mangiare l'equivalente di un terzo del suo peso al giorno! Avvantaggiata dalla sua struttura sottile, bracca i piccoli roditori, come il **topo campagnolo** (5), fin dentro la sua tana.
Anche la **vipera** (6) si nutre di piccoli roditori che caccia col metodo della posta, cioè aspettando, immobile, che le arrivino vicino.
Il **riccio** (7) non la teme e, talvolta, se la mangia, ma di solito affronta anche prede molto più piccole: vermi, insetti e ragni. Non disdegna, all'occasione, uova di uccelli e cadaveri di piccoli roditori.

Le siepi, i cespugli, i fossati e le tane scavate sottoterra sono i principali rifugi degli animali che popolano le praterie europee.

topo campagnolo nella sua tana

Spazi aperti e cibo abbondante

Praterie d'America

Malgrado l'avanzata delle coltivazioni, il continente americano conserva ancora vaste praterie sia al nord che al sud.
Negli spazi protetti, parchi nazionali e riserve degli Stati Uniti, i **bisonti** (1) continuano a spostarsi in branchi – certo molto meno numerosi che non ai tempi degli Indiani!
Questi ruminanti contribuiscono al mantenimento delle praterie, come i **mustang** (2), cavalli ritornati allo stato selvaggio. Mentre brucano, favoriscono la ricrescita dell'erba e la fertilizzano coi loro escrementi.
La slanciata figura del **nandù** (3), cugino americano dello struzzo africano, domina le praterie argentine.
Questo uccello, alto 1,50 m, si nutre principalmente di erba, anche quando essa è seccata sotto il sole estivo. Completa il suo regime alimentare con piccoli rettili, compresi i serpenti.

Un serpente molto velenoso

Pochi animali osano attaccare il **crotalo diamantino** (4). Camuffato nella prateria nordamericana, questo serpente muove gli anelli della sua coda quando si sente minacciato. Questo rumore è sufficiente per dissuadere i più coraggiosi, poiché i suoi denti contengono un veleno mortale. Se ne serve per uccidere le sue prede, uccelli e roditori, di cui si nutre anche il **coyote** (5).

Vivendo in coppia o in piccolo gruppo, questo cugino del cane è, contemporaneamente, predatore e mangiatore di carogne.

Le città dei cani della prateria

Il **cane della prateria** (6), contrariamente al suo nome, è un piccolo roditore… che abbaia in caso di pericolo. Ha come rifugio una vera e propria città sotterranea, che può estendersi per più di un chilometro. Questa città collega le tane delle varie famiglie, costituite ciascuna da un maschio, da parecchie femmine e dai loro piccoli.

La grandi pianure dell'America settentrionale sono ricoperte da vaste distese d'erba, un paradiso per gli erbivori.

GLI AMBIENTI
VIVERE IN MONTAGNA

Qualunque sia la regione del mondo in cui sono situate, le montagne sono un difficile ambiente di vita. Più si sale, più fa freddo e l'ossigeno diventa raro. I venti sono molto più forti in altitudine: nessun albero resiste sopra i 3 000 m in Europa o nell'America settentrionale, sopra i 4 000 m in Asia e nell'America meridionale. Gli spostamenti nella neve o su terreni accidentati costituiscono una difficoltà in più...

Sfuggire all'inverno
L'**orso bruno** (1), che vive tra le foreste e le praterie fino ai 2 000 m di altezza, e la **marmotta** (2), che popola le pendici inondate di sole fino ai 3 200 m, sfuggono al freddo invernale dormendo.
I **camosci** (3) e gli **stambecchi** (4) lasciano gli alpeggi per scendere, in piccoli gruppi, verso le foreste e le vallate meglio riparate.
La **lepre variabile** (5), presente fino ai 3 700 m di altezza, affronta l'inverno coperta da una spessa pelliccia che va dal bruno scuro al bianco.
Si ripara dal freddo sotterrandosi tra il terreno e la neve, che è un ottimo isolante.

Saltellare in montagna
La lepre variabile balza nella neve senza particolare sforzo grazie alle sue larghe zampe ricoperte di lunghi peli.
Come la **capra di montagna**, il camoscio e lo stambecco possiede zoccoli antisdrucciolo che consentono di saltare con facilità anche tra le rocce franose delle alte pendici.
Il camoscio compie salti lunghi 6 m e alti 2.

Adattarsi all'altitudine
I suoi spostamenti stagionali conducono il camoscio dagli 800 ai 3 000 m.
Lo stambecco si arrampica ancora più in alto,

Per spostarsi sulle rocce e i ghiacciai delle Montagne Rocciose, nell'ovest dell'America del Nord, la **capra di montagna** è fornita di zoccoli appuntiti e antisdrucciolo, un po' molli sotto e duri ai bordi.

Gli animali delle vette

fino a 6 700 m di altezza nelle montagne asiatiche. Questi mammiferi devono cambiare altitudine progressivamente, perché il loro organismo si adatti alla scarsità di ossigeno nell'aria; la composizione del loro sangue si modifica.

Uccelli "aliante"

I rapaci non hanno questi problemi. Mentre la **taccola** 6) se ne sta accantonata nelle gole delle vallate di media altezza, essi si alzano in volo in coda alle potenti correnti d'aria che salgono lungo le pendici. Predatrice temibile della lepre variabile, l'**aquila reale** (7), dalla vista molto acuta, si libra grazie a grandi ali che terminano in penne remiganti allargate come le dita di una mano. Non può, tuttavia, competere con il **gipeto barbuto** (8), le cui ali immense (2,80 m di ampiezza) lo conducono fino ai 6 000 m.
È un mangiatore di carogne che apprezza soprattutto le ossa: per spezzarle e mangiarne il midollo, le lascia cadere sulle rocce.

yak

Lo **yak** vive sugli altipiani dell'Himalaya, fino a 6 000 m di altezza. Per resistere alle raffiche ghiacciate, si mette spalle al vento.

123

GLI AMBIENTI
VIVERE IN ACQUA DOLCE

Dalle piccole pozze ai grandi fiumi, gli ambienti d'acqua dolce sono molto vari.
Li si può tuttavia dividere in due categorie: le acque stagnanti e le acque correnti. Le prime ospitano una popolazione di minuscoli animali, di cui si nutrono pesci e uccelli, e offrono un ambiente relativamente protetto per la riproduzione di numerose specie. Le seconde sono meglio ossigenate grazie alla corrente, ma molto meno tranquille!

Mangiare
Sul fondo si accumulano detriti di vegetali e cadaveri di insetti annegati, di cui si nutrono vermi e numerosi invertebrati.
La **carpa** e l'**abramide** li snidano frugando nel fondo con la loro bocca, come fanno anche le **anatre**.
I pesci lenti delle **pozze** e degli **stagni**, come la lasca, sono una preda ideale per il **merlo acquaiolo** e l'**airone**.
Posto faccia al sole perché la sua ombra sull'acqua non lo tradisca, questo trampoliere allunga il suo collo quando passa un pesce. Successivamente accoppa la sua vittima sulla sponda.

In acque stagnanti
Le placide acque di pozze e stagni sono per le **rane** come per numerosi **insetti** il luogo ideale per deporre le uova. Non c'è pericolo che la **corrente** le trasporti via. I **girini**, vegetariani, e le **larve di libellula** o di **zanzara**, carnivore, si sviluppano nell'acqua, dalla quale escono in età adulta.

libellula

airone

anatre

merlo acquaiolo

larva di zanzara

larva di libellula

abramide

carpa

lasca

Acque calme e acque agitate

Respirare

Pesci e girini possono rimanere costantemente immersi poiché respirano tramite le **branchie**. Le larve degli insetti respirano grazie a una specie di tuba posta nella parte posteriore del corpo. Gli insetti adulti non possono respirare sott'acqua. Si spostano solo in superficie dove, in caso di immersione, accumulano una riserva d'aria sotto le ali. L'**argironeta acquatico**, che è un ragno, tesse una tela sott'acqua e la riempie di bolle d'aria per trasformarla in campana da immersione.

rana

girini

argironeta acquatico

In acque correnti

salmone

trota

luccio

ghiozzo

pesce persico

anguilla

gambero

La **trota** ama le acque rapide e ossigenate dei **torrenti**. Ma la lotta contro la **corrente** richiede molto sforzo: la trota nuota brevemente e si riposa dietro alle pietre. Il pesce **persico** e il **luccio** preferiscono i fiumi dal corso più lento, dove si possono riparare nella vegetazione acquatica. Sono tuttavia buoni nuotatori e temibili cacciatori. Tutti questi pesci sono carnivori. Si nutrono di altri piccoli pesci, come il **ghiozzo**, **rane** o **gamberi**. Questi crostacei escono solo di notte e trascorrono il giorno sotto la melma o la sabbia, come l'**anguilla**. Durante le sue migrazioni, il **salmone** non esita a superare persino le cascate.

GLI AMBIENTI
TRA TERRA E ACQUA

Lontre e castori, ippopotami, coccodrilli e alligatori frequentano la terraferma ma trascorrono molto tempo nei fiumi e nei laghi. Vi trovano riparo dalla calura, dai predatori o, al contrario, un formidabile terreno di caccia. Questi animali semi-acquatici stanno talmente bene in acqua che in essa si possono anche accoppiare.

Il castoro

A terra mangia erba o foglie in primavera e in estate cortecce e ramoscelli in inverno, ma **abita nell'acqua**, presso le sponde, in una specie di **capanna** costruita da tutta la famiglia. Degli **sbarramenti** fatti di tronchi e rami, consolidati da fango e ciottoli, alzano il livello del fiume in modo tale che gli ingressi della capanna siano sempre sott'acqua e inaccessibili ai predatori.
Riserve di legno sono situate sul fondo dell'acqua. I castori hanno così di che nutrirsi anche se il ghiaccio impedisce loro di giungere a riva.

La capanna del castoro ha due ingressi, sempre immersi. Uno, stretto e poco visibile, è situato più in alto e consente ai suoi abitatori di andare e venire; l'altro, più largo, serve per la consegna del legno.

Mammiferi e rettili semi-acquatici

L'ippopotamo
Questo enorme mammifero africano esce dall'acqua solo di notte, quando fa abbastanza fresco. Divora fino a **40 kg d'erba**, che strappa con le sue dure labbra. Quando il sole si leva, ritorna in acqua: la sua pelle si screpola rapidamente sotto l'effetto del calore. Abbastanza sottile, essa è, per di più, molto sensibile alle punture degli insetti. Immergendosi, l'ippopotamo evita entrambi i fastidi. E siccome gli insetti non esitano ad attaccarsi alle sue palpebre, immerge volentieri la testa in acqua, chiudendo palpebre, narici e orecchi. Se il livello dell'acqua si abbassa troppo durante la stagione secca, si dedica ai **bagni di fango**. Seccando, il fango forma una **corazza protettiva**.

La **lontra** si nutre in acqua, quattro volte al giorno. Essa si rifugia in una tana scavata nella sponda o in un albero cavo a bordo acqua. Come il castoro, fugge in acqua al minimo segnale di allarme.

Quando le paludi si seccano, in estate, l'**alligatore del Mississippi** scava nella sabbia o nel fango per trovare un po' d'acqua e mettersi al fresco: nel suo cosiddetto "buco dell'alligatore", si apposta per sorprendere le prede che passano vicino.

Coccodrilli e alligatori
Come tutti i rettili, **coccodrilli** e **alligatori** fanno lunghe sieste al sole sulle rive dei corsi d'acqua da essi popolati. Ma il loro terreno di caccia è in acqua. Simili a un tronco morto, lasciano spuntare solo occhi e narici: una trappola per le loro prede. Rane, insetti, uccelli e piccoli mammiferi vengono subito divorati. Quando attaccano un'antilope o uno gnu, **annegano la loro preda** e poi la **pongono sott'acqua**: imputridendosi, la carne si stacca più facilmente dalla carcassa.

GLI AMBIENTI
VIVERE SULLE COSTE

Le coste delle nostre regioni temperate possono essere bordate di sabbia o di scogliere a picco sul mare. Nelle regioni tropicali, la foresta si estende talvolta fino al mare: è la mangrovia, nella quale degli strani alberi, le paletuviere, affondano le basi nell'acqua. In questi diversi ambienti costieri, gli animali vivono al ritmo delle maree che, due volte al giorno, scoprono e ricoprono il terreno. Queste maree apportano cibo ma sono anche sinonimo di molteplici pericoli per gli abitanti del litorale.

Coste sabbiose
Durante la bassa marea, vermi, molluschi, granchi e gamberetti si nascondono nelle loro tane di sabbia.
Ma la **beccaccia di mare** (1) è capace di individuare la loro presenza, tradita dai piccoli fori o dai tortiglioni di sabbia rigettati dai vermi.
Durante l'alta marea, tutti escono dal buco: i molluschi si nutrono filtrando l'acqua; i **vermi** (2) mangiano gli organismi microscopici contenuti nella sabbia e i **granchi** (3) e i **gamberetti** (4) vanno a caccia di molluschi, vermi o cetrioli di mare. Si nutrono anche di cadaveri.

Coste rocciose
I molluschi che vivono sulle rocce devono aggrapparsi solidamente per resistere alle ondate.
Le **cozze** (5) si sistemano con filamenti molto solidi e si stringono le une contro le altre.
Le **patelle** (6) si incollano coi loro piedi a ventosa. Aderiscono perfettamente alla roccia, perché hanno limato poco a poco la loro conchiglia. Per resistere al disseccamento quando il mare si ritira, questi molluschi fanno provvista d'acqua dentro il loro guscio completamente chiuso.
L'**anemone** (7) si nasconde nelle fessure, aspettando l'alta marea per dispiegare i suoi tentacoli. Sulle scogliere, gli uccelli marini nidificano al riparo dei predatori terrestri.

Durante la bassa marea, la beccaccia di mare si nutre di invertebrati nascosti sotto la sabbia.

Al ritmo delle maree

a **gavina** (8) si installa,
olitaria, sulla vetta,
gabbiano (9)
il **cormorano** (10)
gli stadi inferiori.
er nutrirsi,
on hanno
he da tuffarsi
 mare.

Nella mangrovia

Ogni sera, l'**ibis rosso** (1) si appollaia sulla cima delle paletuviere, al riparo dai predatori. Di giorno, fruga nel fango col suo lungo becco incurvato, per catturare granchi e molluschi, a fianco della **garzetta** (2), sua cugina. Le sue lunghe zampe sono adatte per camminare in queste acque poco profonde. Le radici delle paletuviere ospitano la tana del **granchio violinista** (3), che si nutre filtrando il fango. Il **perioftalmo** (4) si arrampica spesso sulle radici con l'aiuto delle sue pinne ventrali trasformate in zampe. Può respirare fuori dall'acqua. Sui rami si avvolge il **serpente delle paletuviere** (5), che, di notte, caccia i roditori, le lucertole e gli uccelli. Pur molto velenoso, non è tuttavia pericoloso quanto il **coccodrillo marino** (6), lungo da 4 a 7 m, presente nelle mangrovie del sud-est dell'Asia e nel nord dell'Australia.

GLI AMBIENTI
VIVERE NELLE SCOGLIERE CORALLINE

Le scogliere coralline costeggiano le coste tropicali. Le si trova in acque la cui profondità non supera i 100 m e la cui temperatura è compresa tra 18,5 e 29,5 °C. Sono opera di polipi corallini, minuscoli animali marini che vivono in colonie. Le scogliere coralline ospitano un'incredibile varietà di animali, che vi trovano riparo e nutrimento. La varietà della vita è paragonabile a quella delle foreste tropicali.

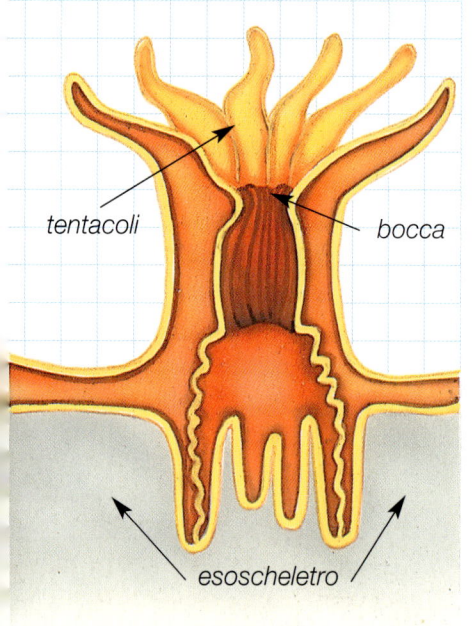

tentacoli — bocca

esoscheletro

sezione di un polipo

Il **polipo** corallino ha la forma di un tubo fissato sul terreno la cui apertura è bordata di tentacoli urticanti, come l'anemone di mare, suo cugino. Ma possiede un involucro calcareo, chiamato esoscheletro.

Animali fissati
A fianco dei polipi corallini, o **coralli** (1), vivono altri animali della stessa famiglia, anch'essi fissati al suolo o alle rocce: sono le **gorgonie** (2), chiamate anche ventagli di mare, e gli **anemoni** (3). Coralli e gorgonie vivono in **colonie**; gli anemoni sono solitari. Si nutrono tutti con le prede acchiappate coi loro tentacoli. Anche le **spugne calcaree** (4) sono animali fissati al terreno: si nutrono filtrando l'acqua per trattenerne le particelle nutritive.

Gioco a nascondino
Talvolta si vedono, tuttavia, spugne calcaree che passeggiano sul fondo del mare! Si tratta di un granchio che ne ha strappata una per mettersela sulla schiena e camuffarsi. Gli abitanti delle scogliere si dedicano a un perenne gioco a nascondino. Ovunque una preda si nasconde o un cacciatore si mette in posta. Il **pesce pagliaccio** (5) trova riparo in un anemone. Al minimo pericolo, il **pesce istrice** (6) si trasforma in una palla spinosa.

*La cernia si fa pulire dai **labri pulitori**.*

Le "foreste tropicali" degli oceani

…uanto allo **scorfano volante** (7), …ossiede sulle pinne dorsali delle …pine velenose molto dissuasive.

…n banchetto per tutti

… **pesce pappagallo** (8), col suo …ecco trinciante, sgranocchia …nvolucro dei coralli per …angiarne i polipi.
…nche ai **pesci farfalla** (9) …acciono molto i polipi.
… **pesce angelo** (10) si nutre … alghe e spugne calcaree.
… **pesce balestra** (11) ha denti …apaci di frantumare il guscio dei …olluschi, dei crostacei e persino …uello pungente dei ricci di mare.

Questi mangiatori di coralli o d'invertebrati sono a loro volta preda di grandi predatori: la **cernia** (12), che caccia alla posta e il **pesce martello** (13) che ha un campo visivo molto largo.

La formazione dei coralli

Talvolta vecchie di parecchi milioni di anni, le scogliere coralline possono essere gigantesche.
Sono formate dall'accumulo degli involucri calcarei di polipi morti.

Ma su questo cimitero, quasi in superficie, polipi vivi si fabbricano un esoscheletro come le lumache si fabbricano un guscio. In questo modo fanno ingrandire le scogliere.

Ingrandimento di polipi corallini sulla superficie di una formazione.

Il pesce martello semina il terrore nelle scogliere coralline.

GLI AMBIENTI
VIVERE SULLE ISOLE

Alcune isole, da moltissimo tempo allontanatesi dal resto del mondo, ospitano animali che non si trovano altrove. Questi hanno tuttavia antenati comuni con gli animali dei continenti, pur essendosi evoluti in modo diverso. Si sono adattati ad un ambiente molto particolare per approfittare di tutte le risorse disponibili, protetti dai grandi predatori, in modo particolare dall'uomo.

In Sicilia, a Cipro e a Malta viveva un tempo un **toporagno** lungo più di 50 cm, un gigante a confronto del toporagno continentale, che misura solo qualche centimetro. Su queste isole, il toporagno non aveva predatori: non aveva dunque bisogno di nascondersi. È scomparso con l'arrivo dell'uomo. Le isole sono un ambiente a parte in cui si sono sviluppati animali giganteschi o, al contrario, piccolissimi.

Le Galapagos
Nate dai vulcani più di cinque milioni di anni fa, le isole Galapagos sono situate nel Pacifico, a più di 1 000 km dall'America del Sud.
Vi si trova ancora oggi l'unica lucertola che si nutre in mare: l'**iguana marina** (1). Si immerge fino a 30 m di profondità per strappare le alghe dal fondo.

Quanto al **granchio** (2), arrivato su queste isole a nuoto, vive solo sulla terra, presso le coste. Due isole dell'arcipelago sono state colonizzate dai **pinguini** (3) animali del freddo che possono vivere in quelle zone, vicine all'equatore, grazie alla corrente fredda che ne bagna le coste. L'assenza di predatori spiega perché i **cormorani** (4)

Le isole dell'Oceania
Il **kivi** (1), un uccello che non vola, si trova solo in Nuova Zelanda. Nelle grandi isole dell'Oceania, isolate da cento milioni di anni, si trovano i marsupiali con la tasca, i primi mammiferi apparsi sulla terra, sostituiti altrove da mammiferi che portano i piccoli nel loro corpo fino al termine.

Gli uni sono carnivori, come il **diavolo di Tasmania** (2) Gli altri sono erbivori e vivono sulla terra, come gli **wallabi** (3) australiani, o sugli alberi, come il **koala** (4) (anch'esso australiano o il **cusco** (5), che popola le foreste della Nuova Guinea.

Un ambiente a parte

elle Galapagos abbiano oggi
i troppo corte per volare
 perché le **tartarughe** (5)
iano così gigantesche.
e più grosse misurano
,20 m per 250 kg.
e esistono una decina
i sottospecie, diverse
a un'isola all'altra.

Komodo

Sull'isola indonesiana
di Komodo e negli altri quattro
isolotti vicini, vive la più grossa
lucertola terrestre: il **drago,
o varano, di Komodo**.
Lungo da 2 a 3 m, pesa fino
a 130 kg. Arrivato senza
dubbio alla deriva sopra un
tronco, il drago non ha mai
avuto altro predatore all'infuori
dell'uomo, che oggi però lo
protegge.
È esso stesso un predatore
temibile. Oltre ad enormi artigli
e denti molto appuntiti, ha una
saliva tossica. È così che può
uccidere una preda grossa
come un bufalo d'acqua.

Madagascar

I **lemuri** sono i primati più
antichi. Si sono evoluti sui
continenti per dare origine
alle scimmie. Oggi
le si incontra solo
sulla grande isola
di Madagascar,
separatasi
dall'Africa prima
dell'apparizione
delle scimmie.
Possiedono tutti
grandi occhi
adatti
ad un'attività notturna e una
lunga coda che consente loro
di mantenere l'equilibrio
quando saltano da un albero
all'altro.

Il lemure catta trascorre più tempo a terra che sugli alberi.

Della taglia di un topo, i microcebi sono i lemuri più piccoli.

GLI AMBIENTI
VIVERE NEGLI ABISSI

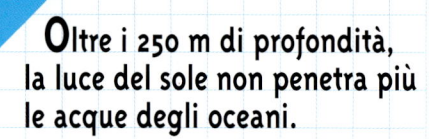

Oltre i 250 m di profondità, la luce del sole non penetra più le acque degli oceani.

Per cacciare, difendersi e ritrovare i loro simili, i pesci e i calamari delle grandi profondità emettono una loro luce propria. Man mano che si scende, la temperatura si abbassa e la pressione aumenta. Tuttavia, si trovano animali, principalmente invertebrati, fino ai 10 000 m.

Il **calamaro gigante**, che può raggiungere 20 m di lunghezza, popola tutti gli oceani del pianeta fino a 1 000 m di profondità. Emette una luce propria grazie a delle specie di gemme luminose, i fotofori. Queste cellule specializzate circondano il suo corpo e la luce emessa cambia regolarmente colore. Nell'oscurità dei grandi fondali, lo si scambierebbe per una ghirlanda di Natale!

Sul fondo, tra i 6 000 e i 10 000 m, vivono solo animali di piccola taglia. La maggior parte sono incolori, neri o rossi. Questi animali sono più numerosi attorno ai **fumatori neri** (1).
I gas di queste sorgenti calde nutrono i batteri, i quali diventano cibo per altri animali. Un **verme** chiamato "**riftia**" (2) vive nei tubi attaccati a queste sorgenti e non ha né bocca né tubo digerente: si alimenta grazie ai batteri ospitati nelle sue branchie, che fluttuano come tubicini. Le **cozze** (3) assorbono direttamente i batteri. Gli **anemoni degli abissi** (4) hanno tentacoli lunghi più di un metro, per strappare le particelle nutriti che cadono dalla superficie o fluttuano nella corrente generata dalle sorgenti.
I **granchi** (5) si nutrono dei cadaveri degli altri animali.

Il **pesce pescatore** porta sulla testa un filamento luminoso che termina con una punta carnosa, chiamata illicio, che gli serve come esca. Solo le femmine pescano. I maschi, molto più piccoli, vivono come parassiti sotto le loro pinne.

Nella notte delle grandi profondità oceaniche

L'**anguilla di Gulper**, carnivora, possiede un'enorme bocca, la cui mascella inferiore si abbassa, e uno stomaco elastico. Può così divorare prede di ogni dimensione: negli abissi, le occasioni di pasto non sono molto frequenti!

Il **pesce accetta** deve il suo nome alla sua forma. È munito di scaglie argentate che riflettono la luce emessa dai suoi fotofori, il che gli permette di riconoscere i suoi simili e di rimanere nel banco. Questo pesce si nutre di plancton e, per trovare cibo, deve avvicinarsi alla superficie. Riguadagna le profondità all'arrivo dell'alba.

Il **pesce vipera** attira le sue prede con la luce emessa contemporaneamente da una schiera di fotofori e batteri luminosi. Nulla resiste ai suoi denti, che sono talmente lunghi da far sembrare la bocca sempre aperta, anche quando ha le mascelle chiuse.

Quando è minacciata da una **piccola piovra "Dumbo"** traslucida e dalle grandi pinne, il gamberetto degli abissi abbaglia il suo predatore vomitando una nube di luce. Questa protegge così la sua fuga e attira verso la piovra altri predatori.

Il **pesce tripode** è uno dei rari pesci che vivono sul fondo. Si sposta nella melma con l'aiuto delle sue lunghe e sottili pinne, come fossero trampoli!

VIAGGIARE
LE MIGRAZIONI DEGLI UCCELLI

È la fame a spingere numerosi uccelli a intraprendere ogni anno lunghissimi viaggi. Quelli che mangiano chicchi trovano cibo tutto l'anno e, generalmente, non migrano. Gli altri, se nidificano in paesi dall'inverno freddo, devono andarsene a seconda delle stagioni. Ma la strada non è priva di pericoli: le tempeste, la traversata dei deserti, i predatori naturali, uomini armati di fucili e linee elettriche fanno strage dei migratori.

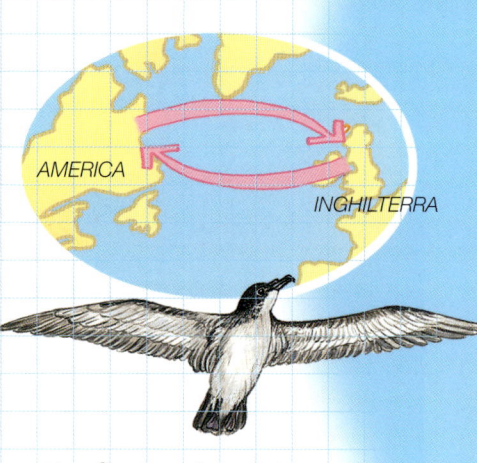

AMERICA — INGHILTERRA

Una **berta minore**, trasportata in aereo dalle coste inglesi a quelle americane, ha ritrovato il suo nido trenta giorni dopo. Per orientarsi, gli uccelli fanno appello alla memoria del paesaggio, si orientano col sole e le stelle e usano la loro bussola interna, regolata sul campo magnetico della Terra.

AMERICA DEL NORD

sterna artica

colibrì dalla gola rosso rubino

AMERICA DEL SUD

Il **colibrì** dalla gola rosso rubino (1) pesa solo 3 g. Tuttavia, questo minuscolo uccello vola ogni autunno, dal sud del Canada e dal centro-est degli Stati Uniti, verso il Messico e l'America centrale. Questo viaggio di **3 000 km** e di circa venti ore di volo è reso ancor più estenuante in quanto l'uccello batte le ali al ritmo di 75 colpi al secondo, toccando punte che vanno da 80 a 100 km/h. Ma lo sforzo è ricompensato all'arrivo dalla abbondante raccolta di nettare, insetti e ragni, introvabili, in inverno, nell'America del Nord! In primavera, ogni colibrì ritorna al nord, nel suo territorio di riproduzione, nidificando sempre nel medesimo luogo.

Campioni di migrazione

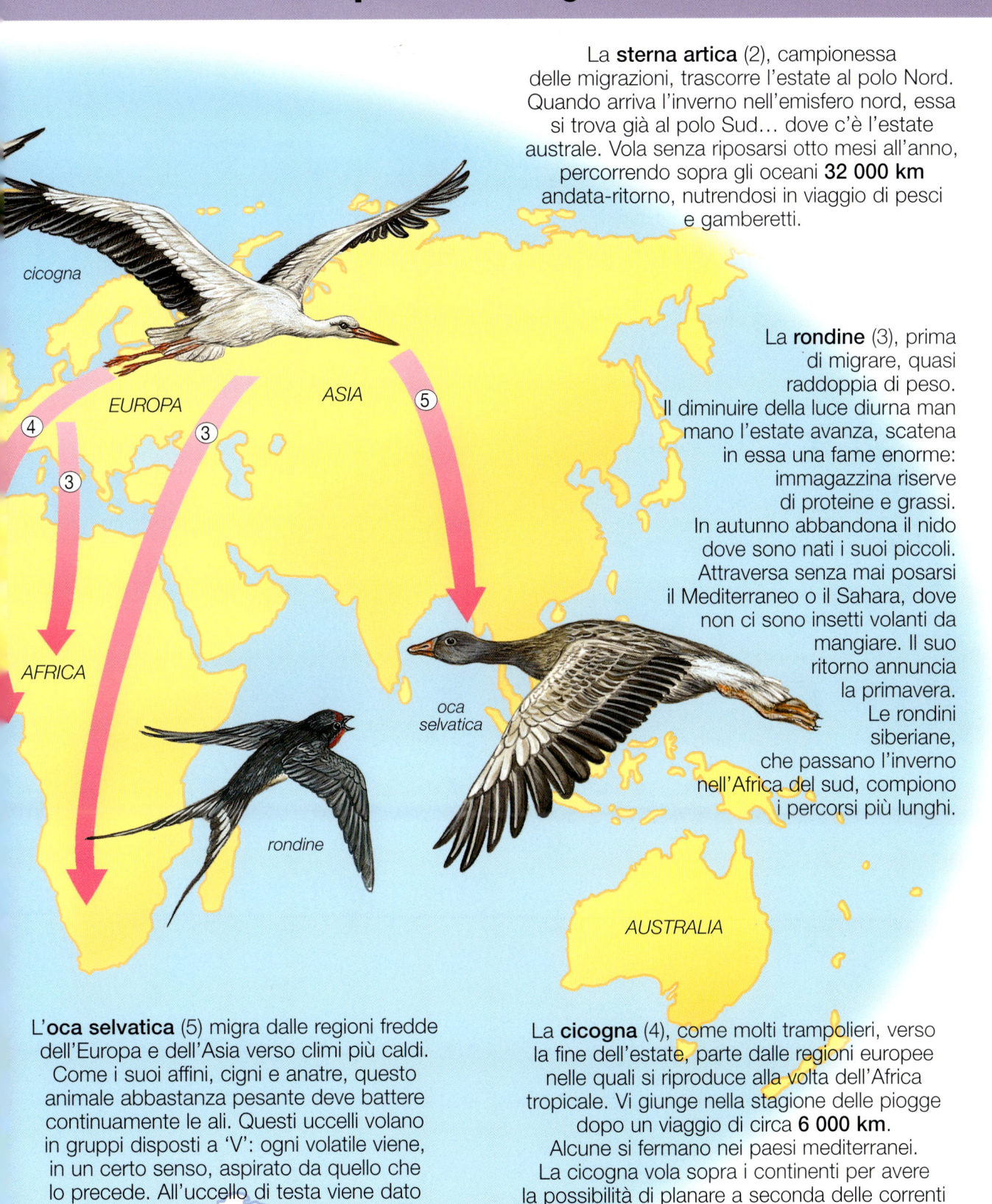

La **sterna artica** (2), campionessa delle migrazioni, trascorre l'estate al polo Nord. Quando arriva l'inverno nell'emisfero nord, essa si trova già al polo Sud… dove c'è l'estate australe. Vola senza riposarsi otto mesi all'anno, percorrendo sopra gli oceani **32 000 km** andata-ritorno, nutrendosi in viaggio di pesci e gamberetti.

La **rondine** (3), prima di migrare, quasi raddoppia di peso. Il diminuire della luce diurna man mano l'estate avanza, scatena in essa una fame enorme: immagazzina riserve di proteine e grassi. In autunno abbandona il nido dove sono nati i suoi piccoli. Attraversa senza mai posarsi il Mediterraneo o il Sahara, dove non ci sono insetti volanti da mangiare. Il suo ritorno annuncia la primavera. Le rondini siberiane, che passano l'inverno nell'Africa del sud, compiono i percorsi più lunghi.

L'**oca selvatica** (5) migra dalle regioni fredde dell'Europa e dell'Asia verso climi più caldi. Come i suoi affini, cigni e anatre, questo animale abbastanza pesante deve battere continuamente le ali. Questi uccelli volano in gruppi disposti a 'V': ogni volatile viene, in un certo senso, aspirato da quello che lo precede. All'uccello di testa viene dato regolarmente il cambio.

La **cicogna** (4), come molti trampolieri, verso la fine dell'estate, parte dalle regioni europee nelle quali si riproduce alla volta dell'Africa tropicale. Vi giunge nella stagione delle piogge dopo un viaggio di circa **6 000 km**. Alcune si fermano nei paesi mediterranei. La cicogna vola sopra i continenti per avere la possibilità di planare a seconda delle correnti aeree e diminuire il suo sforzo.

VIAGGIARE
LE MIGRAZIONI DEGLI INSETTI

Piccoli e apparentemente fragili, anche gli insetti annoverano tra di essi dei viaggiatori. In terra o nei cieli, per pochi chilometri o attraverso i continenti, alcuni migrano alla ricerca di cibo o di calore. La loro vista eccellente, grazie agli occhi composti da faccette (dette ommatidi) come quelle di un diamante, e il loro odorato molto sensibile sono mezzi utili per orientarsi. Come capita agli altri animali, anche il sole offre un valido mezzo di orientamento.

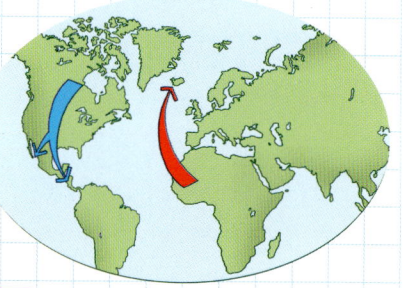

■ *migrazione della vanessa del cardo*
■ *migrazione della farfalla monarca*

Ogni anno, la farfalla monarca e la vanessa del cardo passano da un continente all'altro, ritrovando i medesimi luoghi di riproduzione. Il **ricordo** dei paesaggi attraversati rimane iscritto nelle loro cellule da una generazione all'altra. Forse sono anche guidate da **campi magnetici** particolari che le attirano come calamite.

La farfalla monarca

Stabilitasi in estate nella **regione dei Grandi Laghi**, nel nord-ovest degli **Stati Uniti** e nel sud del **Canada**, questa magnifica farfalla, che ha un'apertura alare di una decina di centimetri, prende il volo all'inizio di settembre, alle prime avvisaglie di freddo. Spinta dal vento a favore, vola fino ad **80 km/h**. Raggiunge così, in 6/8 settimane, il suo rifugio invernale, distante **5 000 km**: la regione montagnosa e boschiva del Michoacan, nel cuore del **Messico**. Questa viaggiatrice solitaria si ritrova con milioni di altri esemplari che ricoprono completamente gli abeti. In gennaio si apre la stagione degli amori. La maggior parte dei maschi muore sul posto. Ripartite, all'inizio di marzo, verso l'America settentrionale, le femmine depongono le loro uova in viaggio, sui fiori. Le nuove farfalle raggiungono i Grandi Laghi… prima di una nuova migrazione. Alcune monarche seguono un altro percorso: partite dai Grandi Laghi, raggiungono la **California**.

La vanessa del cardo

Da un'estremità all'altra delle sue ali dispiegate, questa piccola farfalla non supera i 7 cm. Percorre **centinaia di chilometri** dall'**Africa del Nord** fino all'**Europa**, dove viene a riprodursi in primavera. In autunno, la nuova generazione fa il tragitto in senso contrario e raggiunge la costa africana.

Viaggi di gruppo

La cavalletta

Nell'**Africa settentrionale** la cavalletta è un temibile flagello, poiché forma sciami compatti da parecchie decine di migliaia a centinaia di milioni di individui **voracissimi**. Abitualmente, le cavallette vivono disperse nelle zone secche.

Ma se le piogge sono particolarmente abbondanti, la loro popolazione aumenta a tal punto che gli insetti diventano troppo numerosi e formano **sciami**. Al ritorno della stagione secca, ricercano altrove la pioggia e una vegetazione abbondante, involandosi verso zone dalla bassa pressione atmosferica.

Si abbattono allora su raccolti, **devastando campi in pochi secondi**. Uno sciame vola in media a **16 km/h** e può percorrere **2 000 km** senza fermarsi.

La formica legionaria

La formica legionaria del genere Eciton vive in colonia nella foresta tropicale. Ma non ha un domicilio fisso. Ogni notte, la colonia si raggruppa per formare un **nido vivente** a protezione della regina e delle larve. Molte volte l'anno, il **bivacco** viene situato per tre settimane nel medesimo luogo, il tempo necessario alla regina per deporre fino a **300 000 uova** e alle larve della generazione precedente per tessere il loro bozzolo. Quando queste larve diventano formiche, il territorio attorno non è più sufficiente per nutrirle. Allora, la colonia si allontana di circa **2 km**.

La coccinella

Prende il volo, in estate, verso le alte praterie, dove germogli giovani e afidi ancora abbondano. Migra di nuovo in autunno per andare a dormire tutto l'inverno tra i **1 500** e i **1 900 m** di altitudine, **sotto una roccia** o **in un tronco d'albero**. Ritrova ogni anno la medesima postazione.

VIAGGIARE
MIGRAZIONI TERRESTRI

A parità di distanza percorsa, la marcia richiede più energia del volo o del nuoto.
I mammiferi terrestri che compiono grandi migrazioni sono dunque meno numerosi. Tuttavia, quando migrano, il viaggio è spettacolare: è una marea animale che irrompe da un territorio all'altro. Senza veramente migrare, altri mammiferi vanno instancabilmente avanti e indietro dal territorio occupato. Gli uni e gli altri hanno lo stesso scopo: mangiare!

I caribù
Queste renne americane trascorrono l'inverno nelle foreste boreali dell'Alaska e del Canada.
Ma, verso marzo – aprile, la neve diventa troppo dura per snidare i **licheni** di cui si nutrono. A decine di migliaia, le femmine (dotate di corna come i maschi) partono verso il nord e la tundra che fiancheggia l'oceano Artico. Vi arrivano in maggio, quando il terreno di questo tappeto di licheni sgela.
Si pongono al riparo dai lupi, ai quali non piace questa terra imbevuta d'acqua.
Verso la metà di luglio, le femmine e i piccoli ripartono verso le foreste, raggiunte in marcia dai maschi.

Gli gnu
Nell'Africa orientale vive una curiosa antilope dal corpo e dalle corna di mucca, ma con la criniera e la coda di un cavallo: lo gnu. Da dicembre a maggio, da 1 a 2 milioni di gnu pascolano nelle savane della Tanzania, dove nascono i piccoli. Alla fine della stagione secca, l'erba comincia a scarseggiare. Le femmine più anziane danno il segnale della partenza. Condurranno l'immenso branco, seguito da circa 200 000 zebre e da migliaia di altre antilopi, **700 km più a nord**, nel Kenia: lì le piogge arrivano prima.

Fenomeno eccezionale tra gli animali, gli gnu sono **guidati dal rumore dei temporali**! Molti muoiono in viaggio, vittime delle fiere, sbranati dai coccodrilli o annegati e calpestati nella calca formatasi nell'attraversamento dei corsi d'acqua. A novembre, questi grandi erbivori ripartono verso il sud, raggiunto dalle piogge, che fanno rinverdire la savana.

Di generazione in generazione, gli gnu attraversano sempre i medesimi fiumi nei medesimi punti.

Spostarsi per sopravvivere

I lemming

I lemming della Norvegia e della Svezia migrano **ogni dieci anni** circa, quando la loro popolazione è aumentata troppo: allora non c'è sufficiente cibo nei campi nei quali vivono questi piccoli roditori. **A migliaia** si precipitano verso il mare, attraversando fiumi e laghi, arrampicandosi sulle montagne e divorando tutto ciò che è commestibile. Alla fine del cammino, trasportati dallo slancio, centinaia di lemming si annegano! Quelli che sopravvivono ritorneranno a riprodursi nei campi.

Grandi marciatori

Ogni giorno, un **elefante** adulto mangia circa 150 kg di vegetali e beve 150 l di acqua. Per soddisfare i loro bisogni, gli elefanti percorrono continuamente, da un punto d'acqua all'altro, immensi territori che possono arrivare a 700 km quadrati (l'equivalente di un rettangolo largo 70 km e alto 10)..

L'**orso bianco** non ha una dimora fissa: questo vagabondo della banchisa artica segue le migrazioni delle foche, le sue prede preferite. In estate, può migrare per **100 km** all'interno per divorare, nella tundra, uova, lemming e cadaveri di caribù.

Le mute di **lupi** controllano, ciascuna, un vasto territorio all'interno del quale gli animali se spostano per circa **100 km al giorno**, alla ricerca di una preda da attaccare.

I **pinguini dell'America del Sud** nidificano talvolta abbastanza lontano dalle coste. Per nutrire i loro piccoli, sono capaci di percorrere **100 km in due giorni** dalla colonia al mare.

Il territorio occupato dalla **tigre siberiana** non è ricco di prede come quello della giungla, nella quale vivono le altre tigri asiatiche. Essa percorre fino a **60 km per notte** alla ricerca del pasto.

Ogni notte, i **ricci** trotterellano attraverso campi, giardini e boschi per trovare vermi, insetti o uova da divorare. Possono percorrere **3 km in una notte**.

VIAGGIARE
MIGRAZIONI ACQUATICHE

È per riprodursi che la maggioranza dei migratori acquatici lasciano il loro ambiente di vita abituale per altri orizzonti.
Alcuni, come le anguille o i salmoni, passano dalle acque dolci a quelle marine e viceversa. Si assicurano una discendenza a prezzo di un periplo straordinario e mortale!
Non tutte le migrazioni acquatiche sono altrettanto spettacolari. Testimoniano tuttavia il medesimo misterioso istinto.

Il tonno
Alcune specie di tonni compiono maratone marine collettive e stagionali. Da aprile a giugno, i tonni dalle pinne blu, che possono raggiungere 2,5 m di lunghezza, vengono a riprodursi nel Mediterraneo. Poi si spargono lungo le coste dell'Europa occidentale per nutrirsi nelle acque più fredde dell'Atlantico del Nord. In un mese, nuotano per **5 000 km!**

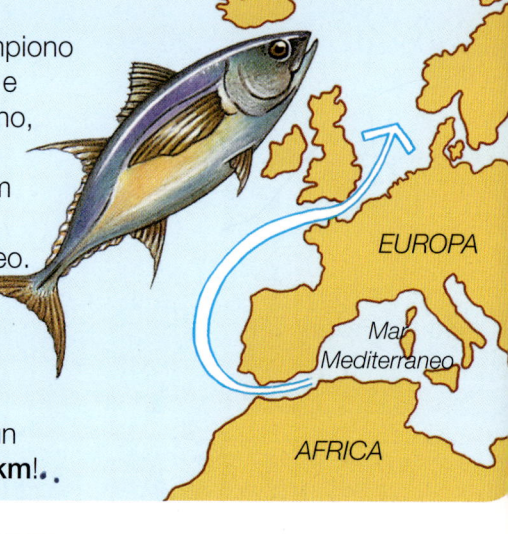

EUROPA
Mar Mediterraneo
AFRICA

Il **granchio cinese**, che ha colonizzato il nord-ovest dell'Europa, vive nei fiumi. Tra i 3 e i 5 anni, ridiscende verso la foce per riprodursi in acque più salate. Migra così per una ventina di chilometri.

La trota di ruscello
Le trote di ruscello risalgono i corsi d'acqua in autunno. Giunte in acque fresche e mosse, meglio ossigenate, le femmine depongono e i maschi fecondano le uova. Poi le une e gli altri se ne ritornano da dove erano venuti. I loro discendenti nasceranno e diventeranno grandi sul posto. In seguito, raggiungeranno gli adulti.

La aragoste dei Caraibi
Per riprodursi, preferiscono le acque calde, poco profonde e ben riparate, ma svernano in acque più profonde. **Due volte all'anno**, dunque, esse migrano, camminando giorno e notte, talvolta per parecchie settimane, in **colonne** formate anche da **60 aragoste**. La loro velocità non supera **1 km/h**. Se compare un predatore, la colonna si racchiude a cerchio, con le antenne pungenti rivolte verso di esso.

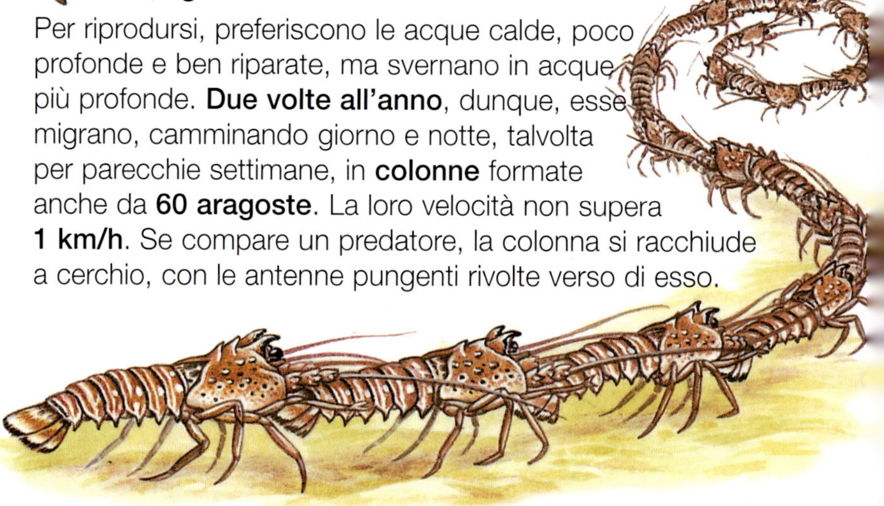

Viaggiare per riprodursi

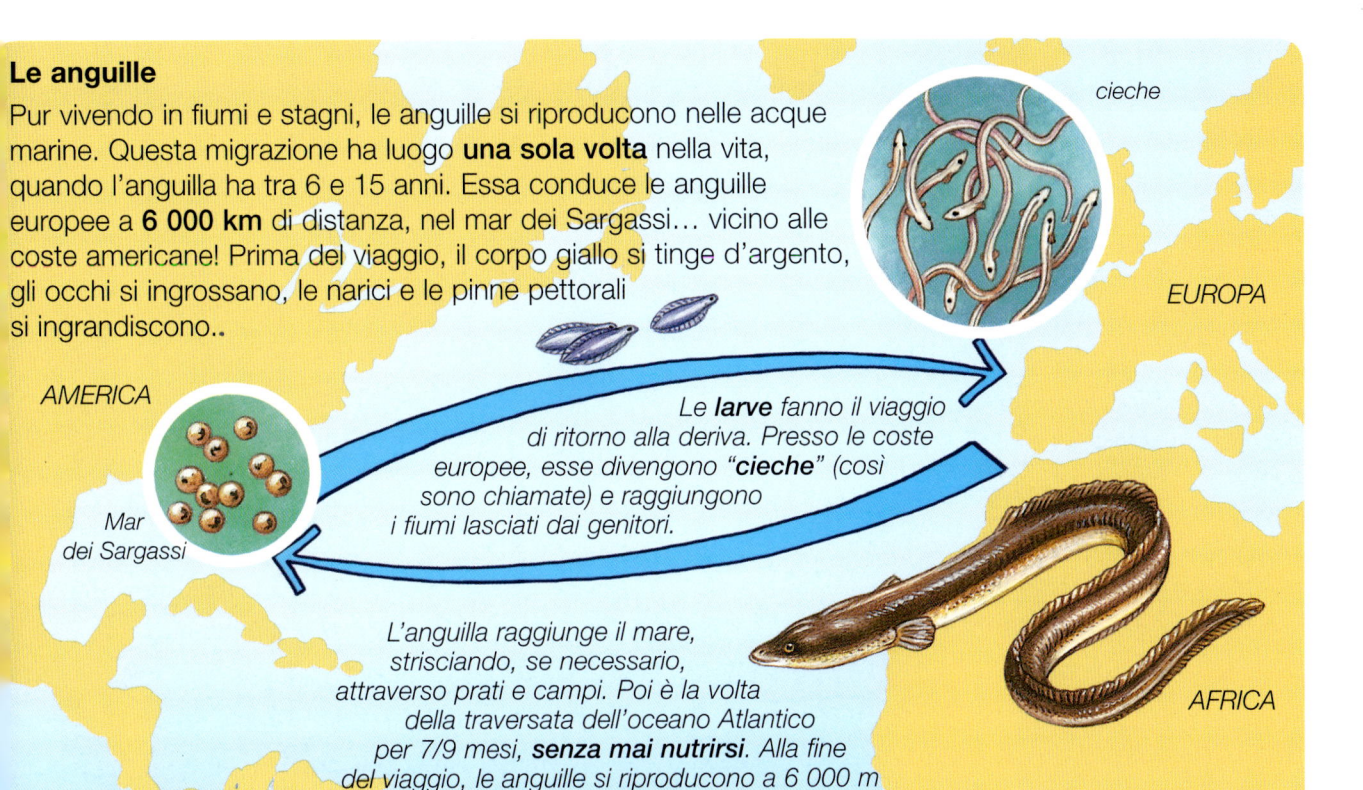

Le anguille

Pur vivendo in fiumi e stagni, le anguille si riproducono nelle acque marine. Questa migrazione ha luogo **una sola volta** nella vita, quando l'anguilla ha tra 6 e 15 anni. Essa conduce le anguille europee a **6 000 km** di distanza, nel mar dei Sargassi... vicino alle coste americane! Prima del viaggio, il corpo giallo si tinge d'argento, gli occhi si ingrossano, le narici e le pinne pettorali si ingrandiscono..

cieche

EUROPA

AMERICA

Mar dei Sargassi

Le **larve** fanno il viaggio di ritorno alla deriva. Presso le coste europee, esse divengono **"cieche"** (così sono chiamate) e raggiungono i fiumi lasciati dai genitori.

L'anguilla raggiunge il mare, strisciando, se necessario, attraverso prati e campi. Poi è la volta della traversata dell'oceano Atlantico per 7/9 mesi, **senza mai nutrirsi**. Alla fine del viaggio, le anguille si riproducono a 6 000 m di profondità e **muoiono sfinite**.

AFRICA

I salmoni

I salmoni fanno il percorso inverso rispetto alle anguille. Nascono nei torrenti dell'Europa o dell'America del Nord e poi, all'età di 2 anni, raggiungono l'oceano Atlantico settentrionale. Quattro o cinque anni dopo, ritornano verso il fiume nel quale sono nati, guidati dal proprio caratteristico odore! I luoghi di riproduzione dei salmoni sono posti in montagna: i pesci devono talvolta fare **salti da 2 a 3 m** per risalire le cascate. Una volta deposte le uova sotto la ghiaia dei torrenti, i genitori ripartono verso l'oceano, se riescono a sopravvivere. Queste migrazioni sono pericolose: su 4 000 uova deposte da una copia, solo due salmoni adulti si accoppieranno un giorno sul loro luogo di nascita.

VIAGGIARE
MIGRAZIONI ACQUATICHE

Gli oceani sono solcati di strade migratorie prese a prestito dagli animali marini, guidati dalla loro bussola interna, dal sole e dalle correnti. Tartarughe marine e grandi cetacei percorrono migliaia di chilometri per ritrovare le loro zone di riproduzione, sempre le stesse.
Altri mammiferi marini, sensibili al freddo, migrano per andare a passare l'inverno nelle regioni più calde.

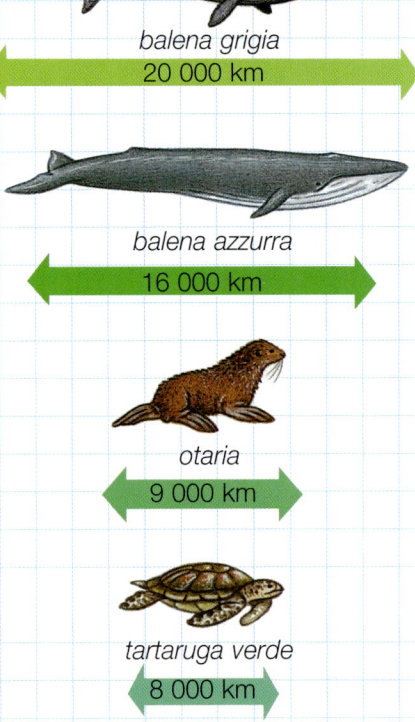

balena grigia
20 000 km

balena azzurra
16 000 km

otaria
9 000 km

tartaruga verde
8 000 km

Le distanze andata-ritorno percorse annualmente dai grandi migratori marini fanno a gara con quelle coperte dagli uccelli migratori.

Le tartarughe marine

Tra tutti i rettili, le **tartarughe marine** sono le uniche a migrare, e sono anche grandi viaggiatrici. La **tartaruga liuto**, la più grande coi suoi 1,90 m di lunghezza, frequenta le coste francesi del golfo di Guascogna ma si riproduce in Guyana, dall'altra parte dell'oceano Atlantico.
Anche le **tartarughe verdi** attraversano questo oceano, dall'isola di Ascensione, nel mezzo dell'Atlantico del Sud, alle coste brasiliane: un periplo di **4 000 km**!

Sulla spiaggia natale

Tutte le tartarughe marine depositano le uova a terra. Come i salmoni, le depongono sul luogo della propria nascita. Ma le tartarughe non possono riprodursi prima di avere 20 o 30 anni. Mantengono nella memoria, dunque, il ricordo della loro spiaggia natale per tutto questo tempo! Non si sa nulla di certo riguardo al modo in cui la ritrovino. Nel corso della loro traversata, si orientano senza dubbio in rapporto al sole e vengono trascinate dalle correnti marine, ma una volta giunte nei pressi delle coste, è solo il loro odorato che le guiderà verso la sabbia dove sono nate. Talvolta, sono parecchie migliaia a prendere d'assalto la spiaggia nella stagione della deposizione.

La tartaruga scava un buco profondo col suo becco e poi vi depone fino a un centinaio di uova. Ricopre poi questo nido di sabbia con le pinne e se ne ritorna in mare.

Molte uova vengono mangiate dai predatori prima ancora di schiudersi.

Già dalla loro nascita, i piccoli si dirigono verso il mare.

Da un capo all'altro del mondo, a seconda delle stagioni

di krill al giorno.
Balene e balenottere si nutrono, dunque, in estate, nelle acque polari dell'Artico e dell'Antartico. In inverno, questo acque gelano: i cetacei coi fanoni raggiungono le acque più calde dei tropici per accoppiarsi e figliare. Vivono allora sulle loro riserve di grasso. Poi, in primavera, riprendono, coi piccoli, la via dei poli.

Le balene

Quasi tutti i cetacei coi fanoni (lunghissime lame al posto dei denti) migrano.
Questi mammiferi marini si nutrono infatti di **krill**, minuscoli crostacei che assomigliano ai gamberetti. Questo krill è fino a venti volte più abbondante nelle acque molto fredde, più ricche di ossigeno rispetto alle acque tropicali. La **balena azzurra**, o balenottera azzurra, ingoia fino a 3,5 tonnellate (il peso di un camion)

La **balena grigia** migra in piccoli gruppi di una decina di animali in una zona compresa tra il polo Nord e la costa pacifica del Messico.

Il dugongo

Il dugongo è l'unico mammifero marino erbivoro; è soprannominato d'altronde "**mucca di mare**". Bruca le piante che crescono sui fondali marini nei dintorni delle coste dell'oceano Indiano e del Pacifico del Sud. Pur essendo piuttosto lento, migra tuttavia in modo stagionale, d'inverno, quando le acque si raffreddano troppo. I dugonghi della costa occidentale dell'Australia si spostano così di **160 km** verso acque più calde.

L'otaria dell'Alaska

Abitante del Pacifico del Nord, tra l'Alaska e la Siberia, questa otaria migra per sfuggire al freddo e al gelo invernale. Il grosso del branco, condotto dai maschi adulti, raggiunge dal mese di agosto le coste della California, **4 500 km** più a sud. Le madri e i loro piccoli, troppo giovani per questo lungo viaggio, rimangono ancora a terra per quattro mesi e poi raggiungono la California, dove potranno starsene tranquilli al sole. Altri **pinnipedi** in inverno si spostano verso il sud: è il caso delle foche grigie che popolano il nord dell'Atlantico e vanno ad installarsi sulle coste dell'Europa occidentale.

145

INVENTARE L'INTELLIGENZA ANIMALE

Si è a lungo creduto che tutto ciò che facevano gli animali fosse fatto per istinto. Oggi si sa che i piccoli apprendono molto imitando gli adulti. O meglio, alcuni animali sono capaci di innovare, di reagire a situazioni sconosciute, il che definisce in parte l'intelligenza. Più li si studia e più gli animali rivelano la propria intelligenza, allo stesso tempo simile e diversa da quella degli uomini.

I **macachi** dell'isola Koshima, in Giappone, hanno imparato a lavare le patate dolci, prima di mangiarle, per liberarle dalla sabbia. È stata una femmina di 2 anni a prendere questa iniziativa ed è stata imitata dai suoi compagni della stessa età. Dieci anni dopo, quasi tutti i macachi del branco lavavano le patate!

La coscienza di sé

Fino all'età di un anno, un bambino non percepisce la differenza tra sé e la mamma. Poi si rende conto che è una persona diversa da tutte le altre. Passa quindi lunghi momenti a guardarsi allo specchio. Un animale possiede tale coscienza di sé? Per rispondere alla domanda, gli scienziati fanno il **"test della macchia"**. Prima abituano l'animale a guardarsi allo specchio. Poi lo addormentano e dipingono una macchia di pittura sulla sua fronte. Se, una volta risvegliato, di fronte alla specchio, l'animale si sfrega la fronte per toccare la macchia, vuol dire che possiede questa coscienza di sé, poiché sa che, normalmente, non ha macchie in quel punto. Il test è riuscito solo con le scimmie vicine all'uomo, **scimpanzé**, **orangutan** e **gibbone**.

L'intelligenza della piovra

Gli animali imparano a reagire alle situazioni osservando e imitando gli adulti. Sono capaci, come gli uomini, di adattarsi ad una situazione sconosciuta? La **piovra** sembra dimostrare di sì.

Rinchiusa in un acquario trasparente sotto il mare, impiega **dodici minuti** per capire come uscire da un foro di 8 cm di diametro, modificando la forma del proprio corpo. La seconda volta, le basta **un minuto e mezzo**.

Gli animali non sono poi così bestie!

Corsi di canto
Già dalla nascita, un **fringuello** canta. Ma un uccellino allevato da solo ha un canto molto povero. Sono **i genitori ad insegnargli** la tecnica, le modulazioni e i fraseggi che gli permetteranno, più tardi, di identificarsi o affascinare una femmina. Del resto, se facesse i suoi corsi di canto con fringuelli di un'altra regione, non canterebbe col medesimo "accento".

Il delfino, una grossa testa
Dotato di un **cervello più grosso di quello dell'uomo**, il **delfino** è **predisposto all'apprendimento**. Messo in un parco acquatico in mezzo a delfini già allenati, apprenderà ancor più velocemente il proprio numero. Si sono visti anche delfini imparare a usare un raschiatoio per staccare le alghe dalla loro vasca, sull'esempio dei sommozzatori. La marina americana ha addestrato dei delfini, equipaggiati con **telecamera**, a **rivelare la presenza di mine sottomarine**. Grazie al loro **sonar**, oltre che efficaci si sono mostrati anche veri amici dell'uomo.

Memoria da elefante
È a fianco della decana del branco che i giovani elefanti imparano ciò che devono sapere per sopravvivere. Questa **anziana elefantessa**, che può vivere fino a 60 anni, deve il suo sapere alle generazioni precedenti: segue le strade ancestrali che conducono al cibo e ai punti d'acqua. La sua **esperienza** le ha insegnato **a identificare dai loro barriti** gli elefanti ostili al gruppo.

Un elefante ha una **memoria eccellente** e sa risolvere problemi nuovi. In Asia, gli elefanti addomesticati danno testimonianza della propria forza ma anche delle loro capacità di apprendimento: gli si insegna a dipingere. Con un pennello nella proboscide, tracciano linee orizzontali e verticali, punti e curve. I più dotati possono disegnare fiori e persino il proprio autoritratto!

INVENTARE GLI UTENSILI

Nei manuali di storia, si legge che l'uomo ha inventato gli utensili. Tuttavia, l'uso di utensili è conosciuto anche dagli animali. Si tratta di arnesi semplici, rami, pietre o foglie, destinati principalmente a facilitare la ricerca del cibo.
Solo le grandi scimmie, vicine all'uomo, che possiedono contemporaneamente mani agili, con un pollice che si può utilizzare a mo' di pinza, e un cervello evoluto, fabbricano arnesi più perfezionati, ma che vengono gettati via dopo l'uso.

Per nutrirsi

La **lontra di mare**, che si nutre di molluschi col guscio e di ricci di mare, deve prima rompere l'involucro per mangiarli. Mette una pietra piatta sul ventre e batte la sua preda contro di essa. Le capita persino di servirsi di una pietra per staccare i frutti di mare dalle rocce.

Il **fringuello delle Galapagos**, dal becco corto, usa una spina di cactus per snidare le larve degli insetti sotto la corteccia degli alberi. Usa questo attrezzo così com'è, senza modifiche.

Per trovare la pietra che gli permetterà di aprire un uovo di struzzo, l'**avvoltoio capovaccaio** percorre anche 50 m. Getta poi la pietra sull'uovo. Funziona una volta su due!

Lo **scimpanzé** si serve di bastoni e pietre per difendersi dal leopardo, il suo principale predatore. Altre scimmie, come le scimmie urlatrici, conoscono anche l'uso delle armi.

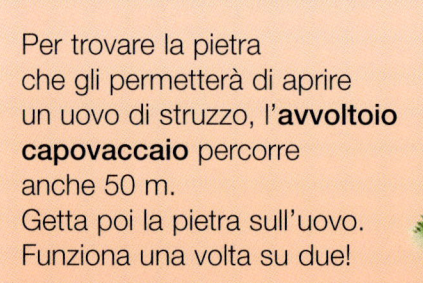

Alcuni **scimpanzé** acchiappano le termiti con un ramo sottile che fanno scivolare in un buco di aerazione del termitaio. Scelgono il ramo più adatto, gli tolgono le foglie con la bocca o con le mani e lo spezzano fino a raggiungere la dimensione desiderata. Gli scimpanzé fabbricano dunque il loro utensile, il che li differenzia dal fringuello delle Galapagos.

Facilitarsi la vita

Per propria comodità

L'uso degli attrezzi per fini non alimentari si ritrova tra gli elefanti e le grandi scimmie, le medesime che danno prova di intelligenza in molte altre occasioni.
Gli **elefanti** usano rami fronzuti per **scacciare le mosche** e le **zanzare** che li importunano. Maneggiano l'arnese con la proboscide, incredibilmente abile.
L'uso dello scacciamosche è conosciuto anche dagli **cimpanzé**, che sono, con **orangutan,** i migliori "manovali" del regno animale. Gli scimpanzé usano anche dei ramoscelli per la **cura dei denti**, cuscinetti di foglie per **pulirsi il pelo** e cuscini di foglie per **proteggersi** le spalle **dall'umidità**.
Per salire sugli alberi di kapok, che sono ricoperti di spine, e mangiarne i frutti, alcuni scimpanzé si fabbricano delle specie di **tenaglie** con dei pezzi di corteccia.
L'orangutan si costruisce **guanti di protezione** con l'erba secca per raccogliere i durians, grossi frutti spinosi. Quando attraversa un fiume, questa grossa scimmia asiatica preferisce usare un ramo per sondarne la profondità.
Si ripara dalla pioggia sotto una foglia di cocco.
Tra gli orangutan e gli scimpanzé la fabbricazione e l'utilizzo degli utensili vengono appresi nei sei, otto anni nei quali il piccolo sta al fianco della madre: è lei a correggere i suoi gesti.

La foglia di cocco serve all'orangutan come ombrello. In tutto, si conoscono 54 utensili usati dagli orangutan, ognuno per un compito diverso.

Ventaglio e scacciamosche allo stesso tempo, la foglia è un arnese molto efficace per l'elefante.

I GRANDI GRUPPI
I MAMMIFERI

I primi mammiferi sono comparsi sulla Terra circa 180 milioni di anni fa. Ultimi arrivati del mondo animale, questi vertebrati si sono evoluti dai rettili carnivori e si sono diffusi dopo l'estinzione dei dinosauri, 65 milioni di anni fa.
Se ne conoscono 4 248 specie, che occupano ogni ambiente vitale. Devono il loro nome alle mammelle delle femmine, le cui ghiandole producono il latte che nutre i piccoli.

Gli **esseri umani** fanno parte della grande famiglia dei mammiferi. Ne hanno tutte le caratteristiche, in particolare la presenza, nella donna, delle ghiandole mammarie. Si sono evoluti a partire da un gruppo di primati.

Una pelle protettiva
I mammiferi hanno una **pelle** composta da due strati. Quello esterno è una protezione, rafforzata spesso da una copertura di **peli**. Nel riccio, questi peli si sono modificati in **aculei**. Altri, come gli elefanti e gli ippopotami, hanno rari e lunghi peli molto duri. I pangolini e gli armadilli hanno una pelle durissima, a **scaglie** o a **placche**, che forma un carapace protettivo.

Animali a sangue caldo
I mammiferi sono animali a **sangue caldo**: la temperatura del loro corpo non varia molto e possono, in caso di necessità, "regolarla". Per riscaldarsi, ad esempio, dilatano i vasi sanguigni o drizzano i peli per rinchiudere nella pelliccia uno strato di aria protettiva. Per rinfrescarsi, ansimano o… **sudano**, e questa è una loro peculiare caratteristica. Possono così rimanere attivi anche quando fa molto caldo o molto freddo.

D'inverno, alcuni **vanno in letargo**, perché sprecherebbero troppe energie alla ricerca del cibo.
È in gran parte grazie a questa possibilità di regolazione termica che i mammiferi hanno potuto svilupparsi su tutto il pianeta. Hanno adattato il loro regime alimentare alle risorse disponibili nel loro ambiente. Sono presenti dai poli ai deserti torridi, vivono sotto terra o sugli alberi, nell'acqua e nell'aria.

scaglie di pangolino

ingrandimento di peli di pecora

mammelle

Le femmine allattano i loro piccoli

pipistrelli, gli unici mammiferi capaci di volare, contano maggior numero di specie (977) dopo i roditori (1 702).

Un modo evoluto di riproduzione

Tutti i mammiferi praticano a **fecondazione interna**. Sono in maggioranza **vivipari** e mettono al mondo piccoli ben formati. L'ornitorinco e l'echidna australiana sono un'eccezione: questi primitivi mammiferi **depongono e uova**! Tra i marsupiali, come canguro, la gestazione è breve: i piccoli finiscono di svilupparsi nella tasca della madre.

aculei di riccio

scheletro

Tutti gli altri piccoli mammiferi si sviluppano completamente nell'utero materno, alimentati con ossigeno e cibo dalla placenta.
Si tratta di un enorme vantaggio quando si vive in ambienti inospitali.
L'**allattamento** è un ulteriore vantaggio: il latte materno è ricco di proteine, grassi, ma anche di antibiotici che proteggono dalle malattie.

Un linguaggio complesso

Proprio perché vengono allattati, i piccoli mammiferi rimangono a lungo con la mamma e possono imparare le regole di sopravvivenza tramite il gioco e l'imitazione. Solitari o sociali, i mammiferi **comunicano** sia con l'odorato, sia con le posture e la mimica, e hanno un linguaggio sonoro complesso. I più evoluti danno testimonianza di un'**intelligenza** che non finisce di sorprenderci.

LONGEVITÀ IN ANNI

70
elefante

45
scimpanzé

35
gorilla – orso bruno

25
giraffa – orso polare – cavallo

15
koala – canguro
lupo – leone

10
riccio – scoiattolo

5
pipistrello

2
talpa – toporagno
lepre – coniglio

I GRANDI GRUPPI
LE SCIMMIE

Tra tutti i mammiferi, le scimmie sono quelle che hanno il cervello più sviluppato, il che permette loro di adattarsi a diverse situazioni. Questa grande famiglia, alla quale sono collegati gli esseri umani, si distingue anche per i suoi occhi, rivolti in avanti, che offrono una migliore visione – a colori! – dei rilievi e delle distanze. Infine, le scimmie possiedono abili mani.

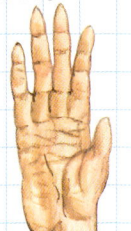

mano di scimpanzé 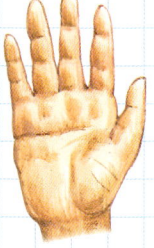 *mano di uomo*

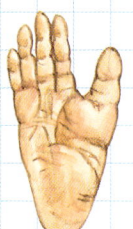

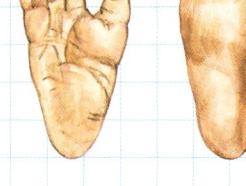

piede di scimpanzé 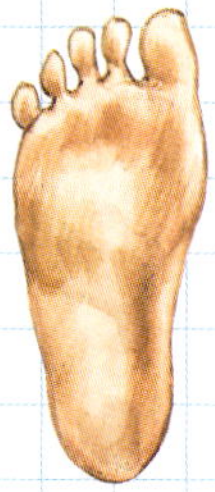 *piede di uomo*

Le scimmie, come gli esseri umani, possiedono **mani** e **piedi** con **cinque dita** ciascuno. Il pollice, mobile, è opponibile alle altre dita: la mano può tenere e manipolare oggetti... e utensili!

Le scimmie con la coda

La maggior parte delle scimmie sono provviste di coda, spesso più lunga del corpo. In alcune, come la **scimmia ragno**, essa è prensile, cioè può aggrapparsi e arrotolarsi attorno ai rami. Essa rappresenta spesso un vero e proprio quinto arto. Gli **uistitì**, le scimmie più piccole, usano la loro coda come bilanciere nei loro spostamenti. Le scimmie dell'America del Sud, ad esempio il **tamarino**, non abbandonano mai gli alberi delle foreste tropicali nelle quali vivono. Al contrario, le scimmie degli altri continenti trascorrono molto tempo a terra. Il **babbuino** e suo cugino, il **mandrillo**, si spostano a quattro zampe. Quando si riposano, si siedono: questa posizione è una caratteristica delle scimmie!

tamarino

scimmia ragno

uistitì

babbuini *mandrillo*

Le più vicine all'uomo

orangutan

gibbone

Le grandi scimmie

Tra tutte le scimmie, il **gorilla** e lo **scimpanzé** sono i nostri parenti più prossimi. Fanno parte, coi **gibboni** e gli **orangutan**, delle scimmie antropoide, dal fisico simile a quello dell'uomo. Sprovvisti di coda, sono di grandi dimensioni: il gorilla può raggiungere 2 m e 250 kg. Sugli alberi, si spostano sospesi per le braccia, più lunghe rispetto agli arti posteriori. A terra, camminano preferibilmente a due zampe, soprattutto per trasportare provviste o i piccoli. Solo il gorilla rimane a quattro zampe. Tutte le mamme scimmie allevano i piccoli fino ai 3 o 4 anni; le mamme gibbone fino a 5 e gli orangutan fino a 6 o 8 anni. Questo tempo, che separa le due "nascite", viene dedicato all'apprendimento di tecniche elaborate, come la fabbricazione e l'utilizzo degli utensili.

scimpanzé

gorilla

I GRANDI GRUPPI
MAMMIFERI MARINI

Come ogni mammifero, i pinnipedi, i cetacei e i cosiddetti "sirenidi" possiedono mammelle e hanno una temperatura corporea costante. Ma dopo che i loro antenati sono ritornati a vivere nell'acqua, circa 26 milioni di anni fa, il corpo di questi mammiferi marini si è notevolmente trasformato. Si è allungato per meglio fendere l'acqua e le zampe si sono accorciate per trasformarsi in pinne.

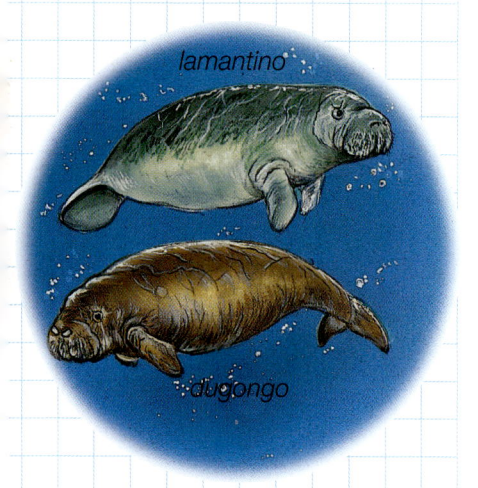

lamantino

dugongo

Il gruppo dei "sirenidi" è composta dai **dugonghi** e da tre specie di **lamantini**. Questi animali vivono nelle acque costiere calde e all'imbocco dei fiumi. Brucano le erbe marine movendosi lentamente a pagaia, con l'aiuto delle loro pinne anteriori. Rimangono in apnea per circa venti minuti.

I pinnipedi

Si contano 34 specie di **foche**, **otarie** e **trichechi**. Questi pinnipedi si nutrono di pesci, talvolta di seppie, calamari o piovre. Alcuni hanno conservato la **pelliccia**. Buoni nuotatori, si installano tuttavia sulla terraferma per scaldarsi al sole e far nascere i loro piccoli. Formano colonie di parecchie migliaia di unità.
Le foche vivono soprattutto nelle regioni polari dei due emisferi.
Le otarie, più presenti nell'emisfero sud, si distinguono dalle foche per l'orecchio esterno (le foche hanno dei semplici fori) e per le loro pinne, che piegano per camminare sulla terra. Parente dell'otaria, il tricheco è molto più voluminoso (fino a 3,60 m e 2 t per un maschio) e sfoggia due incisivi formanti **zanne** che possono raggiungere 1 m di lunghezza. Se ne serve per frugare sul fondo del mare e stanare vermi, crostacei, molluschi e pesci poco veloci, che aspira con la sua bocca. I maschi si combattono a colpi di zanne per la conquista di un harem.

tricheco

elefante marino

foche

otaria

Adatti a vivere nell'acqua

I cetacei

Le 83 specie di cetacei non abbandonano mai l'acqua. La loro pinna caudale (la coda) orizzontale ne fa degli eccellenti nuotatori. Possiedono narici modificate in sfiatatoio per espellere l'aria umida dai loro polmoni. Si distinguono in **cetacei coi fanoni** e **cetacei coi denti**.

Il **narvalo** maschio ha un solo dente, che spinge in avanti fino a raggiungere i 3 m di lunghezza. Vive in grandissimi gruppi nei ghiacci dell'Artico.

delfino comune

I **delfini** sono i più numerosi tra i cetacei coi denti, mangiatori di pesci. Popolano tutti gli oceani e alcuni fiumi.

orca

L'**orca**, un cetaceo coi denti, pesa fino a 10 t. Temibile predatrice, attacca gli altri mammiferi marini, come le foche, ma anche gli squali bianchi.

narvalo

balena azzurra

I cetacei annoverano tra di essi il più grande animale del pianeta, la **balena azzurra**, e il più grosso carnivoro, il **capodoglio**. La prima filtra l'acqua tra i suoi fanoni a pettine per nutrirsi di minuscoli crostacei planctonici. Il secondo, con i suoi 50 paia di denti a forma di cono dall'estremità arrotondata, va a caccia di calamari giganti.

capodoglio

LONGEVITÀ IN ANNI

95
orca
megattera

70
capodoglio
grande balena azzurra
delfino marino

60
dugongo
foca

50
balena grigia

40
lamantino
beluga
narvalo
tricheco

30
otaria

I GRANDI GRUPPI
GLI UCCELLI

Gli uccelli sono vertebrati a temperatura costante, come i mammiferi. Hanno in comune coi rettili il deporre uova fecondate all'interno del corpo della femmina.
Le 9 000 specie di uccelli hanno del resto come lontano antenato un rettile volante, le cui squame si sono trasformate in piume e gli arti anteriori in ali. Tutto il loro corpo, infatti, si è adattato al volo, che ha permesso loro di colonizzare ogni ambiente.

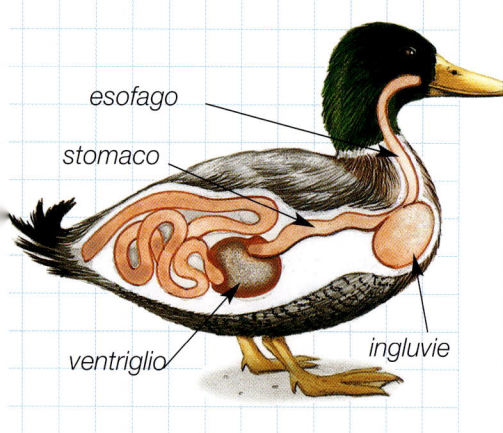

esofago
stomaco
ventriglio
ingluvie

Sprovvisti di denti, gli uccelli inghiottono il cibo senza masticarlo. Immagazzinano gli alimenti nell'esofago o nell'ingluvie. Poi, resi molli nella parte anteriore dello stomaco, vengono triturati e digeriti nel **ventriglio** con l'aiuto di piccoli sassi che gli uccelli inghiottono.

Corpi leggeri
Per essere i signori dei cieli, gli uccelli si sono alleggeriti il più possibile. Il loro becco senza denti accresce la loro leggerezza, come le loro piume, meno dense della pelliccia dei mammiferi. Le loro lunghe ossa sono piene d'aria e le loro zampe sono generalmente sottili.

Ali potenti
Gli uccelli non potrebbero volare senza le loro ali, mosse dai muscoli molto sviluppati del petto. Questi sono fissati su una lamina ossea, la carena. I grandi uccelli corridori, come lo **struzzo**, non hanno carena. Il volo richiede un grande dispendio di energia: gli uccelli mangiano molto in rapporto al loro peso e hanno un cuore molto grosso, che batte velocemente.

Le zampe

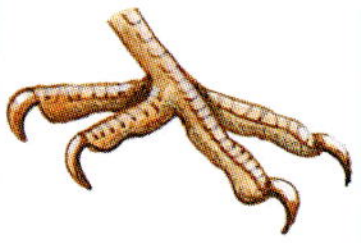

uccello arrampicatore

rapace

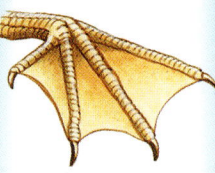

uccello acquatico (palmato)

A ciascuno le sue zampe
Alcuni uccelli terrestri si sono adattati a camminare o a correre. Hanno zampe forti e ali più piccole, come i gallinacei – la famiglia del gallo, che volano poco. Gli uccelli della famiglia dello struzzo non volano proprio e, per correre meglio, hanno due o tre dita invece che quattro.
La forma delle zampe è adattata al modo di vita.
Gli arrampicatori, come il **pappagallo**, hanno due dita davanti e due dita dietro. I rapaci hanno **artigli** per catturare le prede. Gli uccelli acquatici hanno **zampe palmate** per nuotare.
Solo i **pinguini** nuotano battendo le ali, trasformatesi in pinne.

I signori dei cieli

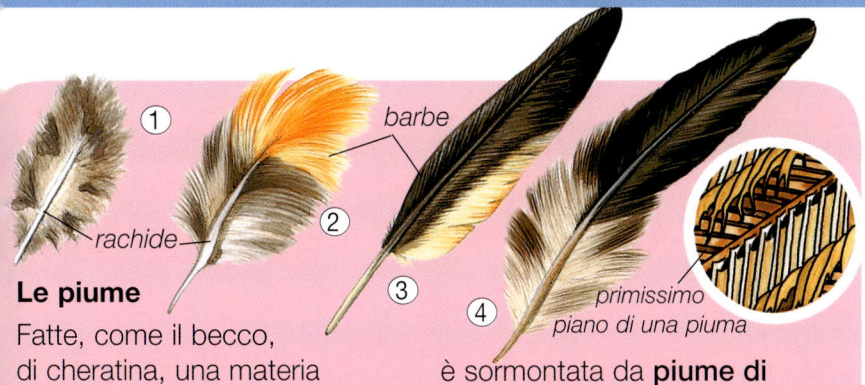

Le piume

Fatte, come il becco, di cheratina, una materia leggera e resistente, le piume proteggono l'uccello dal calore e dal freddo e, certamente, servono per volare.
Le **barbe** sono collegate tra loro da dei ganci e fissate ad un calamo centrale, chiamato **rachide**. La **lanugine** (1), che isola il corpo dal freddo, ha una rachide corta e molle. Le barbe sono a ciuffo. Questa lanugine è sormontata da **piume di contorno** (2), che permettono al corpo di penetrare nell'aria. Le **penne remiganti** (3) delle ali e le **timoniere** (4) della coda servono a volare e a dare la direzione: le barbe qui sono più larghe. Gli uccelli prendono cura delle loro piume pulendole e lisciandole col becco. Ma esse si rovinano e si rinnovano uno o due volte l'anno.

primissimo piano di una piuma

Il becco

La forma del becco dipende dal regime alimentare di ognuno. Quello del fenicottero, tutto incurvato, **filtra** l'acqua; quello dell'airone, lungo e appuntito, **arpiona** i pesci; il pellicano, col suo becco a forma di tasca, **pesca**. Il passero dal becco a forma di cono **becca** i chicchi; il pappagallo, col becco a tenaglia, **sbuccia** i frutti più duri. Il cuculo **caccia** gli insetti; il becco appuntito del picchio gli consente di **forare** il legno. Il becco uncinato del rapace **taglia a pezzi** le prede. Il colibrì **aspira** il nettare dei fiori grazie al suo becco a forma di cannuccia.

fenicottero, pellicano, picchio, pappagallo, passero, rapace, cuculo, colibrì, airone

LONGEVITÀ IN ANNI

60 condor delle Ande, ara azzurra

50 pappagallo

40 struzzo

30 albatro

20 pellicano, nandù, oca, cigno

15 falco pescatore

10 emù

5 colibrì

I GRANDI GRUPPI
I RETTILI

Comparsi circa 140 milioni di anni fa, i rettili sono stati i primi vertebrati a potersi riprodurre fuori dall'acqua: alcuni depongono uova che non seccano, altri li incubano nel loro corpo. Ma i loro spostamenti terrestri sono limitati, poiché le zampe (quando le hanno!) non reggono il loro corpo. L'attività di questi animali a sangue freddo dipende dalla temperatura esterna.

Le tartarughe

Il corpo delle tartarughe è protetto da un **carapace** fatto di materia ossea. Esse vi fanno entrare la testa, le zampe e talvolta anche la coda. La tartaruga scatola (qui sopra) vi rientra completamente. Il carapace ingrandisce contemporaneamente all'animale. Al contrario, le scaglie che lo ricoprono si rinnovano regolarmente. Le **tartarughe terrestri** hanno invece un carapace arrotondato, talvolta gibboso – un'efficace protezione contro i predatori – e zampe corte, munite di artigli. Il carapace delle **tartarughe acquatiche** è liscio, per scivolare meglio nell'acqua. Le loro zampe sono palmate o a forma di pinne. Le tartarughe non hanno denti ma un becco corneo, molto duro per strappare foglie e alghe. Alcune mangiano insetti o, nel caso delle tartarughe acquatiche, molluschi, crostacei e pesci.

sezione di un carapace

squame di serpente

squame di coccodrillo

squame di lucertola

Le **squame**, fatte di cheratina, impediscono all'acqua del corpo di evaporare e proteggono l'animale da ferite e parassiti. Lisce o rugose, esse differiscono per le dimensioni e la disposizione, ma sono sempre unite le une alle altre. I rettili le rinnovano mutando.

La famiglia dei coccodrilli

Coccodrilli, **alligatori** e **gaviali**, grandi coccodrilli dal muso molto stretto, fanno parte della stessa famiglia. Sono i rettili più grandi: il coccodrillo marino e il gaviale possono raggiungere 7 m di lunghezza. Il gaviale, che popola i fiumi indiani, mangia solo pesce, mentre gli altri attaccano ogni sorta di animale. Adattatisi alla vita in acqua, dove trascorrono molto tempo, devono tutti risalire ogni giorno sulla riva per trovare l'energia necessaria per cacciare, riscaldandosi al sole.

Il coccodrillo trasporta spesso la sua preda sul fondo dell'acqua.

Il loro corpo è ricoperto di squame protettive

Le lucertole

Le **lucertole** si incontrano nel mondo intero. A parte l'**iguana marina** delle Galapagos, vivono e si nutrono tutte sulla terraferma, di insetti e vermi. La maggioranza hanno **quattro zampe** con **artigli**, ma alcune ne hanno solo due e l'**orbettino** ne è sprovvisto. I **gechi** hanno dita a ventosa che consentono di camminare anche a testa in giù!

I **camaleonti** vivono soprattutto sugli alberi e la loro coda prensile consente di tenersi ben aggrappati ai rami. Cambiano colore per camuffarsi, regolare la temperatura o comunicare, proprio come le **iguane**.

I serpenti

Le 3 000 specie di serpenti sono tutte sprovviste di zampe. I **pitoni** hanno conservato dai loro antenati due minuscole zampe posteriori, inutili. I serpenti hanno una vista e un udito scarsi. Nondimeno, sono grandi predatori: piccole ossa nella testa consentono loro di captare le vibrazioni e i suoni acuti emessi dalle vittime. Hanno un **odorato molto sviluppato** e alcuni **boa**, pitoni e **vipere** possono individuare la presenza di un animale dai minimi cambiamenti della temperatura dell'aria. I pitoni e i boa soffocano le loro prede tra le spire; i **cobra**, i **crotali** e le vipere possiedono **ghiandole velenifere**. Quando stanno per attaccare, i cobra, che sono i più pericolosi, allargano attorno alla testa una specie di cappuccio di pelle. Le **bisce** non sono velenose. I serpenti possono divorare prede molto più grosse di loro, perché le loro mascelle, molto elastiche, si aprono a dismisura.

LONGEVITÀ IN ANNI

200
tartaruga raggiata del Madagascar

90
tartaruga di Hermann

60
orbettino – alligatore americano

35
caimano nero – pitone – anaconda boa costrittore

20
biscia dal collare

10
vipera cornuta – iguana verde

4
camaleonte

I GRANDI GRUPPI
GLI ANFIBI

Rane e rospi, tritoni e salamandre formano il gruppo degli anfibi, chiamati anche batraci. La loro vita inizia per tutti in acqua, sotto forma di girini. La maggioranza prosegue la sua esistenza sulla terra... negli ambienti umidi, poiché devono mantenere la loro pelle liscia e permeabile sempre umida, altrimenti rischiano di morire.

Gli anfibi, comparsi circa 370 milioni di anni fa, sono i primi vertebrati ad aver colonizzato la terraferma. Discendono dai pesci come l'**ittiostega**, qui sopra, le cui pinne si sono trasformate in zampe e le branchie in polmoni.

Gli urodeli

Si tratta delle **salamandre** (1) e dei **tritoni** (2), che popolano soprattutto l'emisfero nord. Questi anfibi dal corpo sottile sono i più vicini ai loro antenati pesci. Conservano la coda anche in età adulta. Alcune salamandre, che trascorrono la vita nell'acqua, mantengono le **branchie**, organi di respirazione tipiche di pesci e girini.

Le **sirene** (3) sono completamente acquatiche. Respirano sia coi polmoni che con le branchie esterne situate sui fianchi della testa. Quando le pozze si seccano, si rinchiudono in un bozzolo di fango secco e sopravvivono grazie alle riserve di grasso da esse costituite divorando lumache, larve di insetti e piccoli pesci.

Non hanno zampe posteriori. Altre non hanno né polmoni né branchie: respirano attraverso la pelle e la bocca. Esistono, al contrario, salamandre completamente terrestri, che popolano praterie e boschi, che non ritornano mai in acqua, neanche per riprodursi, contrariamente ai tritoni, che depongono uova solo in acqua. Tutti gli urodeli sono **carnivori**, sia allo stadio di girini sia in età adulta. Si riproducono principalmente attraverso la **fecondazione interna**, a differenza degli anuri.

La maggior parte degli anfibi, per riprodursi, fanno ritorno alla pozza originaria. Affinché vi si possano recare senza farsi schiacciare, sono stati costruiti persino alcuni tunnel sotto le strade (chiamati "**viadotti per rospi**").

Odiano l'aridità

Gli anuri

Nove anfibi su dieci sono **rane**, **raganelle** o **rospi**, che formano l'insieme degli anuri. Sono tutti **carnivori** e, se la maggioranza preferisce gli insetti, alcune specie possono divorare topi, uccelli o serpenti. I rospi si distinguono per la loro pelle rugosa e secca ricoperta di verruche, che sono in effetti **ghiandole velenifere**, di cui sono dotate anche le rane tropicali dalla pelle liscia, umida e colorata. I rospi, che vivono soprattutto a terra, preferiscono camminare più che saltare. Le raganelle, che trovano ospitalità preferibilmente sugli alberi, hanno dita che terminano in dischi adesivi per arrampicarsi meglio.

rospo

raganella

rana

Numerosi anuri, in particolare le rane, che trascorrono più tempo in acqua, hanno dita palmate adatte al nuoto.

LONGEVITÀ IN ANNI

55
salamandra gigante

40
rospo comune

30
tritone del Giappone
tritone crestato

25
salamandra maculata
raganella comune
rospo calamita

10
tritone palmato
rana velenosa

La **rana freccia**, una piccola rana di 5 cm, è l'anfibio più velenoso. Un grammo del suo veleno può uccidere centomila uomini. Gli indigeni della Colombia intingono in questo veleno la punta delle loro frecce quando vanno a caccia.

L'anfibio più grande è la **salamandra gigante della Cina**: misura in media 1,10 m di lunghezza per 25 kg, ma può raggiungere 1,80 m e 65 kg! Vive nei corsi d'acqua corrente, ricchi di ossigeno, che viene assorbito dalla pelle. Questa salamandra acquatica non ha infatti né polmoni né branchie. Può vivere per più di 50 anni.

I GRANDI GRUPPI
I PESCI

I pesci sono i primi vertebrati apparsi sul nostro pianeta, circa 480 milioni di anni fa. Nove su dieci sono pesci ossuti, con lo scheletro formato da ossa molto sottili, le lische, e dalla pelle generalmente squamosa. Salvo eccezioni, respirano tutti con le branchie, che filtrano l'acqua ingoiata per trattenerne l'ossigeno. Nuotano grazie alle pinne e ai loro potenti muscoli. Galleggiano grazie alla vescica natatoria, una tasca che si riempie e svuota di gas a seconda dei bisogni.

linea laterale

Per orientarsi, comunicare nell'acqua e individuare prede o predatori, i pesci usano più l'udito della vista. I suoni possono essere amplificati dalla vescica natatoria. Possiedono anche un organo specializzato, la **linea laterale**, che corre su ciascun fianco del corpo. Questo organo registra le vibrazioni provocate da ogni movimento nell'acqua e permette al pesce di orientarsi.

Pesci coi polmoni

I **coelacanth** (1), africani e indonesiani, e i **dipnoi** (2), australiani o africani, si distinguono per le loro pinne carnose che assomigliano a zampe e che usano per camminare sul fondo dell'acqua. Potrebbero essere gli antenati dei primi quadrupedi terrestri. Questa idea è avvalorata dall'esistenza di polmoni, che consentono loro di respirare l'aria e di sopravvivere fuori dall'acqua, contrariamente agli altri pesci.

Un pesce primitivo

Lo **storione** (3), pesce europeo di cui si mangiano le uova (caviale), ha conservato dai primi pesci uno scheletro fatto in parte di ossa e in parte di cartilagine, più molle. Il suo corpo è ricoperto di placche ossee e non di squame.

Carpe e affini

Le **carpe** e i **pesci gatto** vivono in acqua dolce. Questo gruppo si distingue dai barbigli a forma di baffi coi quali individuano il cibo. La maggioranza di questi pesci non ha squame.

Salmoni e affini

Questi pesci, dal corpo sottile e affusolato, sono resistenti nuotatori e temibili predatori, provvisti di lunghi e sottili denti. Il **luccio** divora pesci che misurano metà della sua lunghezza (fino a 1,80 m).

Aringhe e affini

Aringhe, **sardine** e **alici**, dalle grosse squame argentate, vivono nelle acque temperate fredde, in banchi di parecchie migliaia di unità. Si nutrono quasi tutte di plancton animale.

Pesci con le pinne spinose

Un pesce su due possiede spine ossee dure sulla prima pinna dorsale o dietro ad essa, che fungono da armatura. Questo gruppo annovera i nuotatori più veloci, il **tonno** e il **pescespada**.

Anguille e murene

Le loro larve trasparenti vanno alla deriva in mare per lunghi anni prima di trasformarsi in adulti col corpo di serpente. Questi vivono in mare o in acqua dolce, nascondendosi durante il giorno.

Due su tre vivono in mare

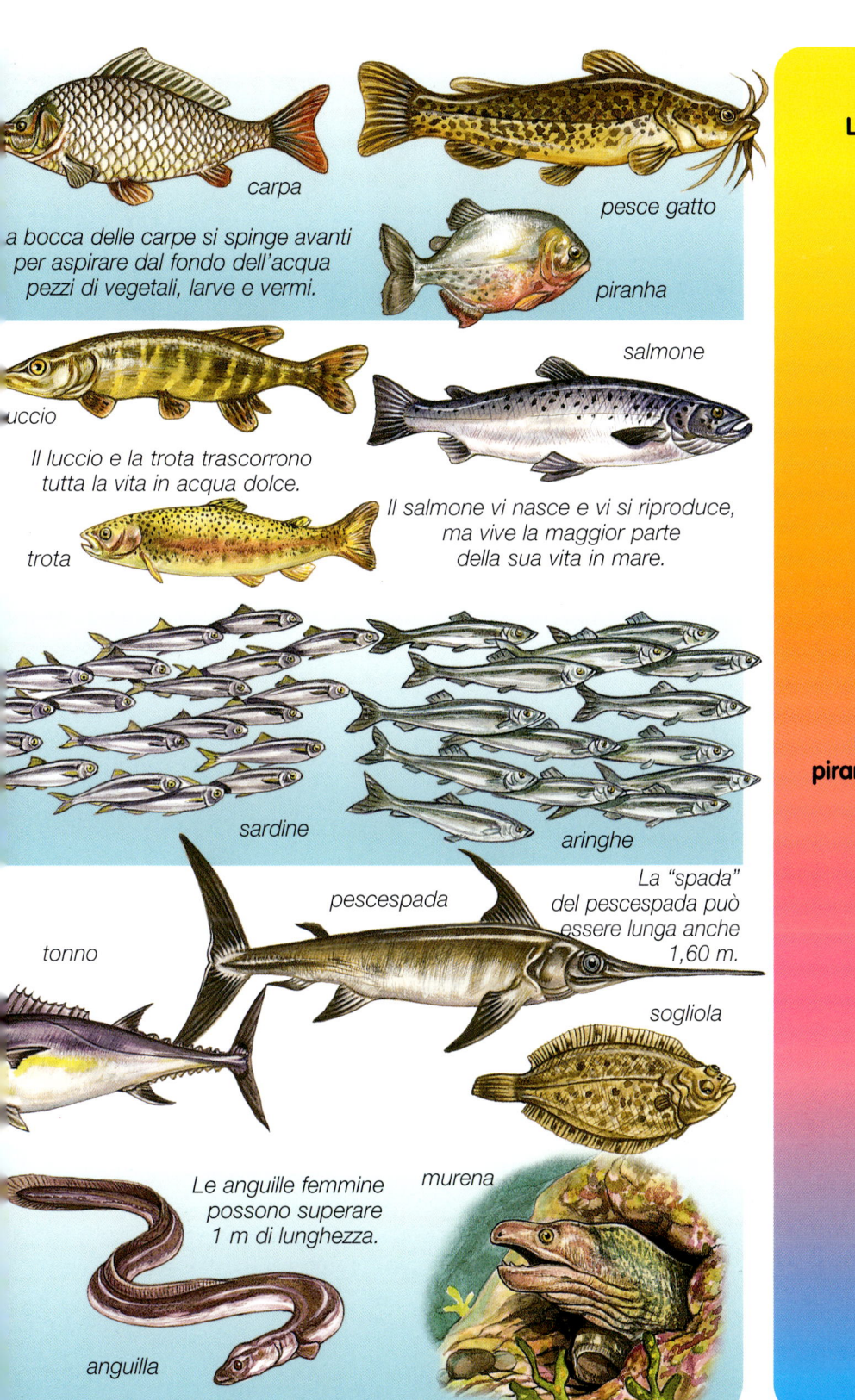

carpa

La bocca delle carpe si spinge avanti per aspirare dal fondo dell'acqua pezzi di vegetali, larve e vermi.

pesce gatto

piranha

luccio

salmone

Il luccio e la trota trascorrono tutta la vita in acqua dolce.

trota

Il salmone vi nasce e vi si riproduce, ma vive la maggior parte della sua vita in mare.

sardine

aringhe

tonno

pescespada

La "spada" del pescespada può essere lunga anche 1,60 m.

sogliola

Le anguille femmine possono superare 1 m di lunghezza.

murena

anguilla

LONGEVITÀ IN ANNI

100
storione

88
anguilla

50
luccio

30
cernia
murena

25
merluzzo – aringa
piranha – razza pastinaca

20
trota di mare

15
persico

10
sogliola
salmone rosso

5
spinarello

1
ippocampo

I GRANDI GRUPPI
SQUALI E RAZZE

A differenza degli altri pesci, gli squali e le loro cugine razze hanno uno scheletro fatto completamente di cartilagine, più elastico rispetto a quello osseo. La pelle degli squali e di alcune razze è ricoperta di squame a forma di denti appuntiti, il che la rende rugosa come la carta vetrata. Questi pesci sprovvisti di vescica natatoria nuotano vicino al fondo grazie al loro fegato pieno d'olio, ma quelli che vivono in pieno mare devono nuotare continuamente!

Carnivori
Le 250 specie di squali popolano le acque delle regioni temperate e tropicali, ad eccezione dello **squalo sonnolento** che vive nelle regioni del polo Nord. I tre squali più grossi, tra cui lo **squalo balena**, mangiano **plancton** e hanno denti un po' ridotti. Qualcuno si nutre di residui di animali morti presenti sul fondo. Gli altri sono **predatori**. Gli squali che frequentano i fondali costieri, come lo **squalo nutrice**, si nutrono piuttosto di invertebrati, crostacei e piccoli pesci. Gli squali che nuotano in maniera più attiva, come lo squalo bianco, o **squalo martello** o lo **squalo coccodrillo**, divorano calamari, pesci, attaccano mammiferi e rettili marini, e persino gli altri squali.

Come nel film di Spielberg
Gli squali hanno parecchie file di denti appuntiti disposti come quelli di una sega. Quando uno si usura o cade, un altro dente avanza come su un nastro trasportatore e lo rimpiazza.

Con il loro corpo appiattito e le loro pinne a forma di ali, le **razze** possono nuotare sul fondo del mare e nascondervisi. Respirano con due fori, gli sfiatatoi, posti dietro i loro occhi. La maggior parte di esse non ha squame. Alcune possiedono pungiglioni velenosi sulla coda.

Gli squali hanno pinne rigide, a differenza dei pesci ossuti. Si spingono in avanti con la coda, le altre pinne servono come stabilizzatore e timone.

Lo squalo balena è il più grosso di tutti i pesci.

Pesci cartilaginosi

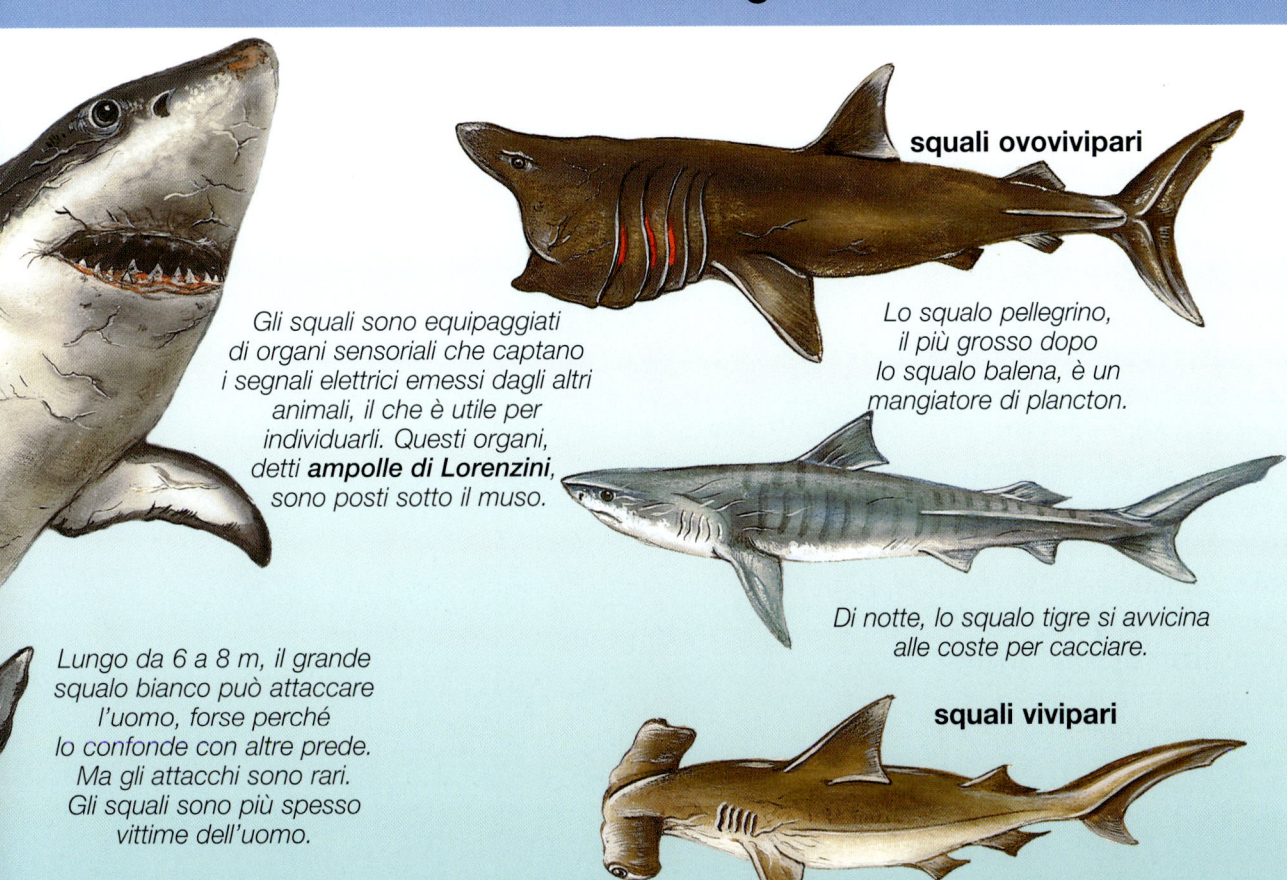

Gli squali sono equipaggiati di organi sensoriali che captano i segnali elettrici emessi dagli altri animali, il che è utile per individuarli. Questi organi, detti **ampolle di Lorenzini**, sono posti sotto il muso.

squali ovovivipari

Lo squalo pellegrino, il più grosso dopo lo squalo balena, è un mangiatore di plancton.

Di notte, lo squalo tigre si avvicina alle coste per cacciare.

Lungo da 6 a 8 m, il grande squalo bianco può attaccare l'uomo, forse perché lo confonde con altre prede. Ma gli attacchi sono rari. Gli squali sono più spesso vittime dell'uomo.

squali vivipari

La femmina dello squalo martello può avere fino a 14 piccoli per parto.

Lo squalo azzurro migra a secondo delle stagioni da acque fredde a quelle più calde.

La riproduzione

Tutti gli squali praticano la fecondazione interna. Alcune specie sono ovipare: le femmine depongono le uova nell'acqua. Altre sono ovovivipare: le uova vengono incubate e schiuse nel corpo della madre, dove i piccoli squali rimangono fin quando sono in grado di affrontare l'oceano. Esistono anche squali vivipari: gli embrioni si sviluppano anche nel corpo della madre, ma ricevono il nutrimento e l'ossigeno attraverso una specie di placenta materna. In ogni caso, i piccoli squali assomigliano agli adulti.

squali ovipari

Lo squalo zebra vive nelle scogliere coralline.

Diffuso in Europa, la piccola rossetta misura meno di 1 m.

I GRANDI GRUPPI
GLI INSETTI

Quando sono comparsi, circa 350 milioni di anni fa, gli insetti erano giganteschi. Oggi, per fortuna, si sono rimpiccioliti! Dominano comunque il mondo animale con il loro numero: se ne conoscono più di un milione di specie! La maggioranza hanno le ali. Sono gli unici invertebrati capaci di volare, il che permette loro di conquistare la terra, l'aria e anche l'ambiente acquatico.

Come è fatto un insetto?
Un involucro rigido, l'**esoscheletro**, protegge il corpo degli insetti ma anche le zampe, gli occhi e le antenne. Nel corso della loro vita, tutti gli insetti ingrandiscono il loro esoscheletro mutando. Il corpo è diviso in tre parti.
La **testa** ha un paio di **occhi** composti e spesso occhi semplici, due sensibili **antenne** e le **mandibole**. Sul **torace** sono fissate **tre paia di zampe** articolate e le **ali**. L'**addome** contiene il cuore, gli organi di digestione e riproduzione e anche due sacche piene d'aria, che alimentano i muscoli del torace. Sono questi muscoli ad azionare le ali.

Primissimo piano di una testa di insetto. Si distinguono gli occhi a faccette.

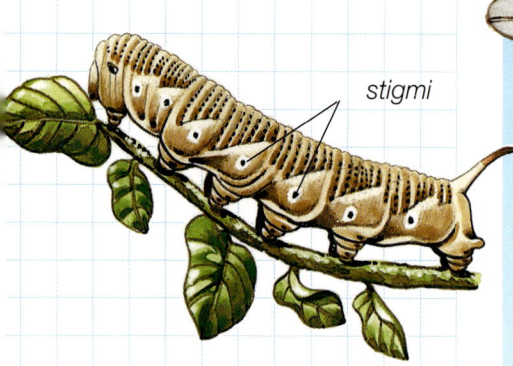

stigmi

torace · occhi semplici · antenna · testa · mandibola · occhio composto · zampe · addome · ala posteriore · ala anteriore

Gli insetti respirano con l'aiuto di piccoli tubi disposti a rete, come delle vene: le trachee. L'aria vi penetra attraverso gli **stigmi**, dei fori che si aprono sui fianchi del corpo. I bruchi hanno un paio di stigmi su ogni segmento del loro corpo. Li si vede distintamente su questo bruco di sfinge.

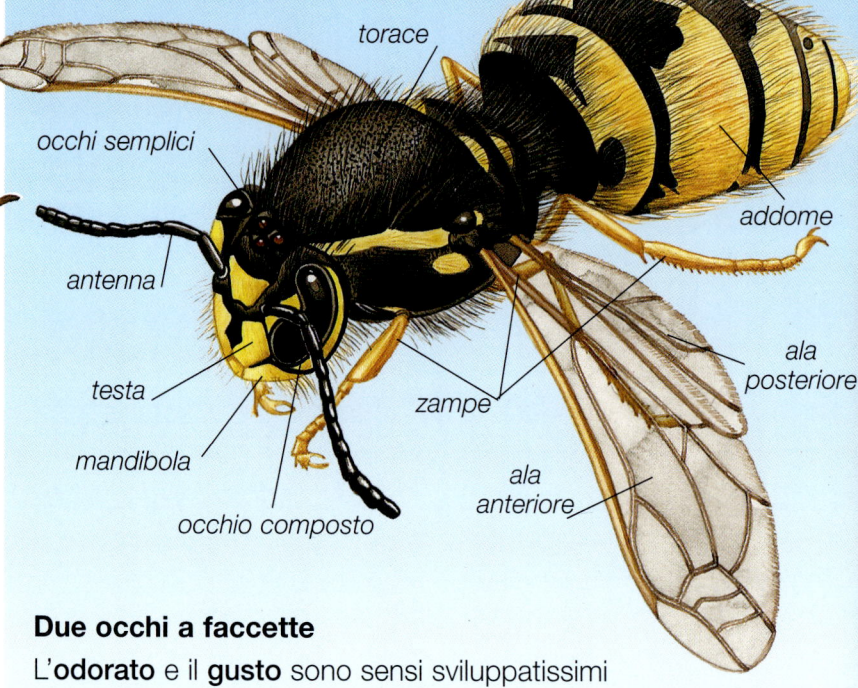

Due occhi a faccette
L'**odorato** e il **gusto** sono sensi sviluppatissimi negli insetti. La **vista** lo è altrettanto: gli insetti individuano i movimenti di oggetti o di animali a parecchi metri di distanza. I loro grossi occhi sono infatti composti da centinaia di occhi assemblati ad esagono (una figura geometrica a 6 lati). Gli scienziati pensano che con questi occhi a faccette, gli insetti ricevano immagini simili ad un mosaico. Ma non si sa come vedano veramente forme e colori.

Più di un milione di specie

maggiolino *mosca* *farfalla*

Insetti aerei

La maggior parte degli insetti, come la **farfalla**, la **vespa** o la **libellula**, hanno due paia di ali che battono contemporaneamente. I coleotteri, come il **maggiolino** e la **coccinella**, hanno un paio di ali rigide, le **elitre**, che proteggono due ali trasparenti, le uniche a battere in volo. Le **mosche** e le **zanzare** hanno un solo paio di ali e si equilibrano in volo attraverso una specie di bilanciere.

libellula

Insetti terrestri

Malgrado le loro grandi ali, le **cavallette** si spostano soprattutto saltando sulle potenti zampe posteriori. In volo, le zampe servono da timone. I coleotteri terrestri come lo **scarabeo** e il **bupreste** volano solo occasionalmente, per fuggire.

coccinella *cavalletta*

Mangiare

Particolarmente sviluppate nel **cervo volante**, le **mandibole** sono parti della bocca che servono a tagliare e frantumare il legno, invertebrati o foglie, a seconda del regime alimentare dell'insetto. La farfalla e la mosca hanno un tubicino per assorbire i liquidi. Zanzare e **tafani** ne hanno uno che punge.

cervo volante *scarabeo Golia* *bupreste*

idrometra *gerride*

Insetti acquatici

L'**idrometra** e il **gerride** camminano con leggerezza sull'acqua. Il **ditisco** e la **notonetta** compiono evoluzioni sott'acqua grazie alle provviste d'aria situate sotto le zampe.

notonetta *ditisco*

LONGEVITÀ

30 anni
bupreste

15 anni
termite regina

5 anni
ape regina

4 anni
pulce

10 settimane
ape operaia

28 giorni
mosca domestica femmina

17 giorni
mosca domestica maschio

Un'estate per cantare

Ogni 17 anni, gli Stati Uniti orientali vengono invasi dalle **cicale magicicade**. A milioni, questi insetti escono dalla terra, dove hanno vissuto per diciassette anni sotto le radici degli alberi allo stato di larve. Dopo la metamorfosi e all'aria libera, le cicale cantano, si riproducono e muoiono alla fine dell'estate, dopo aver deposto milioni di uova.

I GRANDI GRUPPI
ANIMALI PRIMITIVI

Alcuni animali molto antichi hanno un corpo molle e una struttura semplice: sono le spugne, i vermi, i coralli, le meduse e gli anemoni di mare, che esistono da più di 700 milioni di anni. Comparsi più tardi, alcuni molluschi senza guscio, terrestri (la lumaca) o marini (la piovra), sono appena un po' più evoluti. Tuttavia i molluschi cefalopodi, come la piovra, la seppia o il calamaro, possiedono un cervello.

La **lumaca** è un mollusco gasteropode terrestre, come la chiocciola. Si nutrono di foglie, strisciano sulla propria pancia a ventosa e respira con un polmone. Conserva solo un rimasuglio di guscio nascosto sotto la pelle, mentre quella rossa non ne ha per niente.

Spugne e vermi
Le **spugne** non hanno né cellule nervose né organi distinti. Non hanno forma ben definita o hanno una forma a tubo. Impossibilitate a muoversi, si nutrono filtrando l'acqua, che penetra dai loro pori, piccoli fori visibili in superficie. I **vermi**, marini o terrestri, sono ridotti ad un tubo digerente ma possono spostarsi contraendo i loro muscoli.

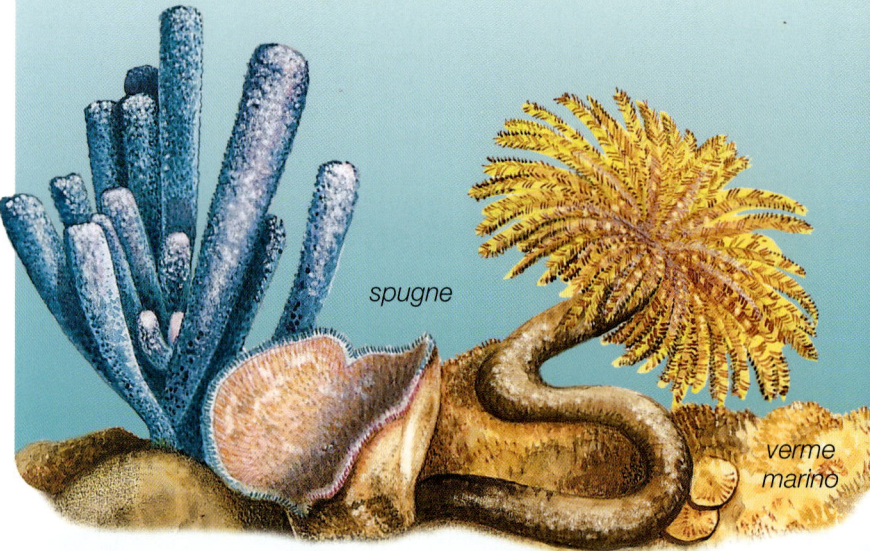

spugne

verme marino

Ricci e stelle di mare
I corpi di questi invertebrati marini è circondato di placche calcaree, sormontate da aculei. La bocca, posta dal lato del terreno, si trova al centro. Le **stelle** tirano fuori lo stomaco da questa bocca per digerire la preda senza inghiottirla.

I **ricci** hanno attorno alla bocca cinque denti coi quali raschiano via gli animaletti fissati alle rocce. Stelle e ricci si spostano grazie ai loro aculei mobili e a migliaia di piccoli tentacoli pieni di liquido di cui si servono come piedi.
La **stella corona di spine** conficca i suoi aculei velenosi nei crostacei e nei coralli, prima di mangiarli.

riccio

stella marina

stella corona di spine

Animali antichissimi dalle forme strane

I cefalopodi

Questi molluschi marini non hanno guscio esterno: il **calamaro** e la **seppia** hanno un guscio interno a forma di lama, la **piovra** non ne ha assolutamente. Il loro corpo è formato da una testa, che racchiude un cervello abbastanza sviluppato, e da una sorta di lunghe braccia a forma di tentacoli, munite di ventose. La piovra ne ha otto, la seppia e il calamaro dieci: se ne servono per catturare pesci e crostacei, che triturano col becco corneo e la ruvida lingua.
I cefalopodi si spostano rapidamente, a differenza degli altri molluschi: riempiono i loro corpi vuoti d'acqua e la espellono per spingersi in avanti.

piovra

seppia

calamaro

I cnidari

medusa

Anemoni di mare, **meduse** e **coralli** hanno un corpo arrotondato o cilindrico organizzato attorno ad un unico orifizio, che funge da bocca e da ano.
Questo orifizio è circondato da tentacoli urticanti e velenosi coi quali questi animali paralizzano le loro prede.

Gli anemoni di mare vivono solitari e si riproducono dividendosi. I **polipi** corallini, che costituiscono i coralli, vivono in colonie. Sono fissati al terreno, mentre le meduse vanno alla deriva o nuotano contraendo il corpo a forma di campana.

anemone di mare

Le meduse iniziano la loro vita sotto forma di polipi fissati al terreno. Questi germogliano per dar vita a piccole meduse.

polipi corallini

I GRANDI GRUPPI
CON CONCHIGLIA O CARAPACE

Per proteggere il loro corpo molle, un gran numero di invertebrati hanno un involucro duro all'esterno del corpo. Gli artropodi, di cui fan parte i crostacei, in maggioranza marini, e gli aracnidi (ragni e scorpioni), terrestri, sono dotati di un carapace, uno scheletro esterno.
Gli insetti fanno ugualmente parte di questo grande gruppo. Comparsi più anticamente, circa 500 milioni di anni fa, i molluschi non hanno né carapace né zampe.
Ma la maggior parte sono protetti da una conchiglia.

La **chiocciola** dei nostri prati fa parte dei molluschi gasteropodi. Fabbrica da sola il suo guscio calcareo, che diventa grande con lei. Rosicchia i vegetali con la sua lingua rugosa ricoperta da migliaia di piccoli denti. Si sposta strisciando sulla base composta da muscoli. La bava secreta le permette di scivolare meglio.

I gasteropodi

Quasi 8 molluschi su 10 sono **gasteropodi**, come le **patelle**, le **littorine** e gli **whelk fluttuati**. La maggioranza vivono in mare.
Quasi tutti possiedono una conchiglia, spesso a forma di spirale. Si spostano strisciando sulla base di un muscolo, simile a una ventosa. Al di sopra della base, il loro apparato digerente si avvolge nella conchiglia, che protegge anche gli organi respiratori. Sulla testa, hanno quattro sensibili tentacoli. Gli occhi sono posti all'estremità di due di essi. Littorine e patelle si cibano di alghe marine. Gli whelk mangiano resti di animali morti. Hanno tutti una lingua rugosa.

sifoni
cappa

patelle
littorine
shelk

I bivalvi

Conchiglie di San Giacomo (o cappesante), **cozze**, **ostriche** e **telline** sono bivalvi.
La loro conchiglia è composta da due parti, le "valve", unite da un legamento. Si chiude completamente per proteggere l'animale e si allarga per lasciare uscire i due tubi (sifoni) attraverso i quali si nutre e respira. Uno di questi sifoni aspira l'acqua da cui viene estratto l'ossigeno e le particelle alimentari, l'altro espelle l'acqua una volta filtrata. Le cappesante procedono in avanti chiudendo e aprendo in maniera successiva le loro valve.

Contrariamente agli altri molluschi, come ad esempio la piovra, i molluschi bivalvi non hanno testa.

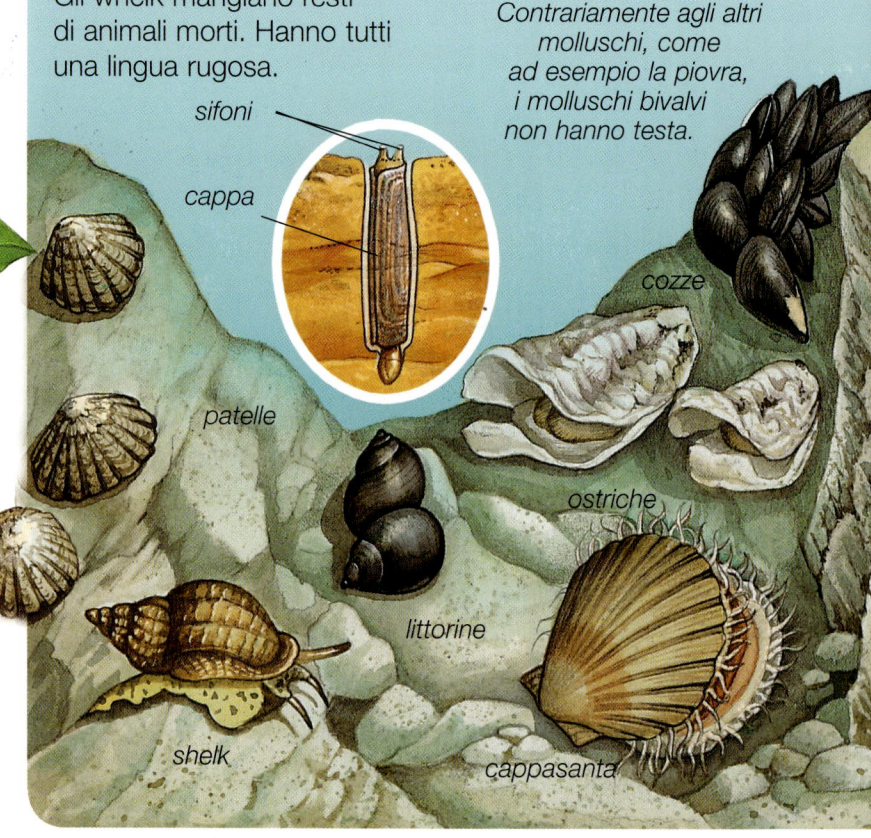

cozze
ostriche
cappasanta

Un corpo molle ben protetto

I crostacei

Come tutti gli artropodi, i crostacei hanno un carapace e zampe articolate, ma una testa che non è distinta dal torace. Possiedono due paia di antenne. I crostacei più piccoli sono minuscoli, pressoché invisibili ad occhio nudo. Compongono il **plancton** oceanico. Li si trova anche in acqua dolce con le **dafnie**, chiamate "pulci d'acqua" perché la loro nuotata a sbalzi fa credere che saltellino.

I crostacei più grandi possiedono 14 paia di "zampe": in realtà, sono solo 5 paia quelle vere, tra le quali alcune possono essere trasformate in chele; 9 paia di appendici servono a nuotare, a scavare nella sabbia o a portare le uova.
I **gamberetti**, che nuotano, hanno un guscio più leggero di quello dei crostacei che camminano.

Il gambero è un crostaceo d'acqua dolce.

Aragosta e astice sono molto simili. La prima non ha chele, ma antenne molto sviluppate.

aragosta

astice

Granchi e granciporri vanno a caccia di molluschi e altri crostacei, che catturano con le grosse chele.

granciporro

Gli aracnidi

Questo gruppo di artropodi comprende gli **scorpioni** e i **ragni**, ma anche i minuscoli **acari** che si nascondono nella moquette e causano allergie. Gli aracnidi non hanno antenne.
Sono provvisti, al livello della bocca, di appendici a forma di pinza, con le quali catturano le prede.
Gli scorpioni hanno, in più, due grosse chele e una coda che termina con un pungiglione velenoso. più piccoli sono i più pericolosi. Anche i ragni sono velenosi. Ma solo il veleno di alcune specie è pericoloso per l'uomo.

Come tutti gli artropodi, i ragni e gli scorpioni rinnovano il loro sottile guscio, dopo essersi strappato quello vecchio.

171

I GRANDI GRUPPI
SPECIE MINACCIATE

Più di 12 000 specie di animali sono oggi minacciate di estinzione. Non sono solamente la pesca e la caccia eccessive a mettere in pericolo la vita animale. L'estensione delle coltivazioni, delle città, delle zone industriali e delle strade distruggono gli ambienti naturali. L'aria, le acque dolci e gli oceani, come i terreni, vengono inquinati ogni giorno di più. Le attività umane non cessano di sconvolgere i fragili equilibri della natura.

Il **dodo dell'isola Mauritius** è scomparso due secoli dopo l'arrivo degli Europei e dei loro fucili! Questo uccello corridore si era evoluto al riparo dai predatori e non poteva più volare. Essendo frugivoro, spargeva i semi degli alberi fruttiferi.

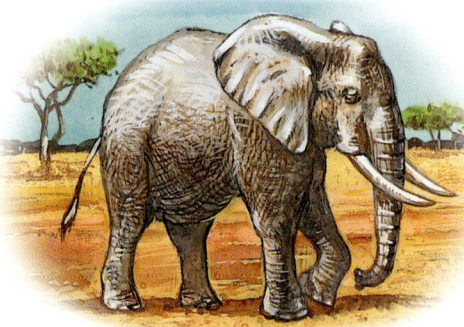

L'**elefante africano** è vittima del bracconaggio che lo caccia per le sue zanne d'avorio, vendute a caro prezzo, e dell'estensione delle coltivazioni, che riduce il suo spazio vitale.

Nero o bianco, il **rinoceronte** viene cacciato per le sue corna, usate dalla medicina tradizionale cinese. Oggi è protetto nei parchi, ma il bracconaggio continua.

Dappertutto in Asia, la **tigre** è in pericolo poiché il suo ambiente si riduce. La si caccia talvolta per la sua pelliccia, esposta come trofeo, e per le sue ossa, i denti o i baffi, che si ritiene abbiano ogni sorta di virtù!

I **lupi** sono stati cacciati fino all'ultimo in tutta Europa. Stanno ritornando sulle Alpi, ma la coabitazione coi pastori è molto difficile.

Il **panda gigante** ha corso il rischio di scomparire insieme alle foreste cinesi di bambù, da cui dipende la sua sopravvivenza. Divenuto il simbolo dei naturalisti, è ormai ben protetto.

L'**orso bruno** europeo, come il lupo, è stato vittima della sua cattiva reputazione. La reintroduzione di qualche orso sui monti europei ha suscitato l'opposizione dei pastori.

Vittime delle attività umane

L'**alligatore** è, tra i coccodrilli, il più minacciato. Abitando le rive dello Yangtzé, in una regione molto popolata della Cina, viene cacciato perché le gallerie che scava nuocciono alle coltivazioni.

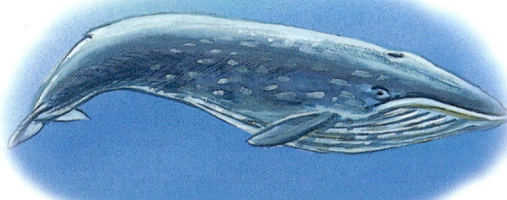

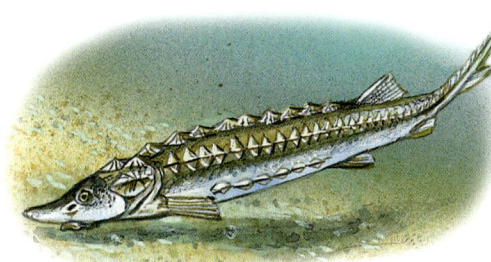

Essendo le sue uova costosissime – il caviale –, lo **storione** viene pescato in maniera troppo intensiva. La sua popolazione non ha il tempo di ricostituirsi. Nel mar Caspio, è, inoltre, vittima dell'inquinamento.

Cacciata per la sua magnifica pelliccia lanosa, la **pantera delle nevi** è minacciata, tanto più che la sua area di distribuzione si riduce alle montagne dell'Himalaya, dove vive fino a 5 000 m.

Le **tartarughe marine** vedono i loro ultimi luoghi di deposizione minacciati dall'aumento del livello delle acque, dovuto al riscaldamento climatico. In più, gli uomini mangiano le loro uova, cacciano le adulte per la carne e le scaglie.

Tutti i **gorilla** sono minacciati dalla distruzione delle foreste e dalla caccia illegale. La sorte dei gorilla delle montagne è quella più a rischio: ne rimangono solo circa 700!

Dopo essere stato cacciato, il **tricheco** è oggi vittima dell'inquinamento dei mari artici. Le sue riserve di cibo si riducono anche a causa del riscaldamento climatico.

Numerosi paesi hanno accettato di non cacciare più la **balena azzurra** e altri cetacei, massacrati in passato. Tuttavia, il Giappone e la Norvegia praticano ancora la caccia alla balena.

L'**orangutan** è ancor più vulnerabile in quanto popola solo le foreste delle isole asiatiche di Sumatra e del Borneo e si riproduce ogni 6, 8 anni.

Il riscaldamento del clima ritarda l'arrivo dei primi freddi e la migrazione della farfalla **monarca**: ciò accorcia la stagione di riproduzione e frena la moltiplicazione della specie.